博物馆里说基金

Funds Legends in The Museum

叶有明 田娜 王一霖 姚莉 **编著**

复旦大学出版社

内容提要

本书立足于向社会公众普及基金知识、提高全民金融素质，系统介绍了关于股权投资基金、共同基金和对冲基金的基本知识。本书兼顾专业性和普及性，以通俗的语言对艰深复杂的基金知识作了深入浅出的介绍，使人们从新的角度认识基金、了解基金，并学会运用基金市场知识为自己的生活服务。

全书共分三篇，分别介绍了股权投资基金、共同基金和对冲基金。在各章节中详细介绍了三种基金的历史沿革、具体组织与运作形式、重大事件与著名基金组织、代表性人物，以及反收购策略等。

开馆铭义

"博物馆是一个为社会及其发展服务的、非营利的永久性机构,并向大众开放。它为研究、教育、欣赏之目的征集、保护、研究、传播并展出人类及人类环境的物证。"(国际博物馆协会章程,2007)

博物馆记录我们的历史轨迹,启迪我们的未来视野,提升我们的文明教养,博物馆也造就我们的生活态度,乃至人格。

博物馆首先是大众的交流场所,欣赏和教育是主导旋律。博物馆也是专家的对话平台,展示和收藏是基本工具。博物馆不是钦定的意识形态,宽容、公允和创新的风格将丰富民众的知识与兴趣。

中国基金博物馆将通过公益运营把金融常识带给社会公众。我们相信,拥有稀缺资源是幸运的,但不应陶醉于少数专业人士的私家把玩,或者传之后世的官家典藏,利用资源有效并愉悦地服务民众并贡献社会才是博物馆的真谛。

金融是一种制度安排,是一种生活方式,是一种价值取舍,更是一种充满创造力和激情的朗朗大道。大道无门,让我们轻松地通过一座座充满争议的金融事件里程碑来体验历史,穿越时空与一批批毁誉参半的金融传奇人物共同来感受人生。这是中国基金博物馆创立的初衷,也是我们一起探索前行的希冀。

我们期待各界嘉宾与我们一起参与,提升中国基金博物馆的功能,展示金融的能量与魅力,也丰富我们的金融智慧。

王巍

中国基金博物馆

2011年10月

序 言

从基金看金融市场大变局

专门为一种金融产品设立博物馆，在林林总总的博物馆中并不多见。那么，中国基金博物馆的设立，其起点与方向何在？

在中国金融界，基金被视为与存款、贷款、信用卡等并列的一种金融产品，特别是经历了几次市场的大的起伏之后，公众对于基金的看法也经历了不断深化的过程，从公募延伸到私募，从主要面向二级市场延伸到PE基金，从传统的公募基金产品延伸到更为复杂地运用衍生工具的各种新的基金产品，从主要集中在中国本土市场投资的基金延伸到海外市场。

基金，即使在金融危机中，依然体现出其独有的魅力。无论是从理论还是从实践看，基金业的发展，正在成为推动金融市场出现大变革的新动力。

从理论上看，波士顿大学博迪教授与诺贝尔经济学奖获得者莫顿在合著的《金融学》中强调，从金融功能角度看，传统的商业银行必将衰退，基金会取而代之，因为商业银行的资产负债表无法解决错配风险，而基金则可以很好解决这一问题。从实践意义看，美国全部家庭资产中基金投资规模已经高于银行存款。

如果进一步把基金业扩展到以基金为代表的资产管理行业，并且将其放到中国这样一个经济社会环境下考察，还可以得出更为有趣的结论。每当看到中国考古发现的大量实物形态的金银财宝，我就常常产生有一种联想：如果有一个发达的金融市场和专业的理财专家来连续进行理财，那么，唐宋时期的一个金元宝或者一缸铜钱，现在估计可以买下一个小国家的土地了。基金业以及整个资产管理行业要得到健康发展，需要有稳定的经济社会体系、透明的法制、健康的金融机构和监管体系，而这些，都是中国经济走向现代化进程中所必需的。

基金业健康发展所推动的理财能力的提高，得到收益的不仅仅是理财者本人。实际上，之所以这些原来低效率运用的财富能够在专业人员运用、安排之后得到更高收益，是因为新的资金接受者本身就能够创造更高收益的财富，愿意提供给资金提供者的回报也更高。更有效率的理财，实际上把宝贵的财富资源转移到了能够更为有效运用这些财富的人士手中，整个社会的经济增长潜力就能够得到更好的发挥。

从这个意义上说，基金市场越发达，理财效率越高，在中国这样一个传统的以存贷款为主导的金融体系中，金融资源的配置效率越会得以改进，整个社会资源配置的效率也就越高。

因此，基金虽然目前常常被视为只是一种金融产品，但是无论就其功能、成长空间、积极影响，都远远不仅仅是一种金融产品，而这些丰富内涵的挖掘和拓展，有待于基金业和整个金融体系的努力，而这个挖掘和拓展的过程，正好赋予中国基金博物馆以丰富的题材与内容。

巴曙松
国务院发展研究中心研究员、博士生导师
中国基金博物馆首席经济学家

目录

第一篇 股权投资基金

第一章 股权投资基金（PE）发展简史／2
第一节 PE的史前阶段／2

第二节 第一次浪潮：美国研究与发展公司（ADRC）与中小企业投资法（1946—1959）／4

第三节 第二次浪潮：有限合伙制和硅谷的成长（1959—1976）／7

第四节 第三次浪潮：大型收购基金与杠杆收购的兴起（1976—1992）／11

第五节 第四次浪潮：杠杆收购复兴与互联网泡沫（1992—2003）／31

第六节 第五次浪潮：超大型收购和次贷危机（2003—2009）／42

第七节 欧洲和亚洲的PE行业／57

第八节 PE的作用和影响／61

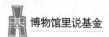

第二章 中国股权投资基金沿革 / 67

第一节 中国第一次PE浪潮（1991—2000）/ 67

第二节 中国第二次PE浪潮（2001—2005）/ 69

第三节 PE方面的政策法规 / 71

第三章 PE名人堂 / 78

第一节 创投资本之父——乔治·多里奥 / 78

第二节 VC四大天王 / 80

第三节 敌意收购的鼻祖——维克托·波斯纳 / 88

第四节 PE王国"双人舞"——克拉维斯及罗伯茨 / 90

第五节 冷酷的公司袭击者——卡尔·伊坎 / 93

第六节 兼并巨头——罗纳德·佩雷尔曼 / 95

第七节 高收益债券大王——麦克尔·米尔肯 / 97

第八节 收购艺术家——大卫·邦德曼 / 100

第四章 著名企业与PE / 103
第一节 PE与中国企业发展 / 103
第二节 PE与国际著名企业的发展 / 112

第五章 PE的运作与反收购策略 / 120
第一节 PE的体系和分类 / 120
第二节 PE的运作 / 122
第三节 著名PE基金与其传奇经历 / 127
第四节 基金之最 / 148
第五节 常见的反收购策略术语 / 151

第二篇 共同基金

第六章 证券投资基金 / 156
第一节 证券投资基金的含义 / 156
第二节 解析证券投资基金的来龙去脉 / 161
第三节 证券投资基金的具体运作 / 184
第四节 重要基金介绍 / 197

第三篇 对冲基金

第七章 对冲基金的发展与运作 / 208

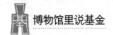

第一节 对冲基金的概念 / 208

第二节 对冲基金的起源与发展 / 211

第三节 对冲基金的类型 / 229

第一篇 股权投资基金

第一章 股权投资基金(PE)发展简史

股权投资基金（Private Equity Fund，简称PE）是指通过私募形式对私有企业，即非上市企业进行的权益性投资。股权投资基金在交易实施过程中附带考虑了将来的退出机制，即通过上市、并购或管理层收购等方式，出售持股获利。

第一节 PE的史前阶段

自工业革命以来，投资者一直从事着收购活动和对私人公司进行少数股权投资。在伦敦和巴黎的商人银行在1850年代即开始为工业活动提供融资便利，最著名的是由雅各布（Jacob）和伊萨·佩雷（Isaac Pereire）在1854年共同创立的动产信贷公司（Credit Mobilier），联合纽约的杰伊·库克公司（Jay

杰伊·库克

雅克布和伊萨

Cooke),资助美国横贯大陆的铁路建设工程。

安德鲁·卡内基(Andrew Carnegie)在1901年以4.8亿美元的价格将其钢铁公司出售给J·P·摩根公司(J.P. Morgan)可以说是第一个真正意义上的现代收购。此后,J·P·摩根公司还资助了在美国境内的铁路建设和其他工业项目。

1901年合并卡内基钢铁公司3个月后,J·P·摩根公司发行由安德鲁·卡内基认购的美国钢铁公司金边债券,面值10万美元,期限5年,年利率5%。

在20世纪上半叶,股权投资主要是富裕的个人和家庭涉足的行业。例如,1938年劳伦斯·洛克菲勒(Laurance S. Rockefeller)出资帮助创立了美国东方航空公司(Eastern Air Lines)和道格拉斯飞行器公司(Douglas Aircraft)。同年,埃瑞克·沃伯格(Eric Warburg)创立E·M·华宝公司(E. M. Warburg &

美国钢铁公司工作现场

Co.），并最终演变成华平集团（Warburg Pincus），后者在收购基金和创投资本行业均颇有建树。

第二节 第一次浪潮：美国研究与发展公司（ADRC）与中小企业投资法（1946—1959）

现代PE的鼻祖可以追溯到1946年成立的风险投资公司（VC）[①]——美国研究与发展公司（American Research and Development Corporation, ARDC）。ARDC公司由乔治·多里奥（Georges Doriot，号称"创投资本之父"，欧洲工商管理学院的创始人和哈佛商学院

---

① VC是venture capital（风险资金）的简称，是指由职业金融家投入到新兴的、迅速发展的、有巨大竞争潜力的企业中的一种权益资本。

前院长)、拉尔夫·佛兰德(Ralph Flanders)和卡尔·康普顿(Karl Compton,美国麻省理工学院前院长)共同创立的,以鼓励民营部门投资于从二战战场上返乡的士兵所运行的企业。

ARDC公司在PE史中的重要地位在于它是第一个机构型的PE投资公司,其资本金来源于招募而不是富裕的家庭。与ARDC公司一同被载入史册的,还有它完成的史上第一个成功的创投资本案例:ARDC在1957年向数字设备公司(Digital Equipment Corporation, DEC)投资7万美元,而DEC在1968年IPO[①]后的市值为3.55亿美元。在1972年与德事隆集团(Textron)合并之前,

数据设备公司董事会成员中包括ARDC的员工

① IPO全称是Initial Public Offering,即首次公开募股,是指股份有限公司或有限责任公司首次向社会公众公开招股的发行方式。

数据设备公司工作现场

ARDC已经投资了超过150家企业。

二战前,创投资本(早期曾被视为"发展资金")主要是富有的个人和家庭涉足的领域。1958年通过的美国《中小企业投资法案》(Small Business Investment Act of 1958),推动了创投资本行业由家族治理向专家管理的风格转变。1958年的法令正式允许美国中小企业管理局(U.S. Small Business Administration,SBA)授权中小企业投资公司(Small Business Investment Companies,SBICs)为美国中小企业提供筹资和管理服务。该法案的通过,源于联邦储备委员会向国会提交的一份报告。在该报告中,联储委员会得出的一个结论是,在为成长型中小企业提供长期资本金方面，资本市场存在巨大的不足。此外，有人认为，促进创业公司成长将刺激技术进步，从而提高对苏联的竞争力。通过促进经济体内的资本流动，引导资金流向创新型中小企业，以刺激美国经济成长，过去是、现在仍是SBIC计划的主要目的。

美国中小企业管理局

第三节 第二次浪潮：有限合伙制和硅谷的成长（1959—1976）

仙童半导体八人组合

第一家由风险资金（VC）支持创立的企业是1959年成立的仙童半导体公司（Fairchild Semiconductor），它生产出了第一个商用集成电路，也是当时世界上最大、最富有创新精神和最令人振奋的半导体生产企业，为硅谷的成长奠定了坚实的基础。该创投资本是Venrock Associates的前身（该机构于1969年由洛克菲勒家族创立）。

1960年代出现了沿用至今的PE基金的组织形式。有限合伙人是"消极的"投资人，为PE基金提供主要的资本金，而投资专家（或投资管理机构）则以普通合伙人的角色出现并承担一定比例的出资额。同时，还出现了沿用至今的补偿结构，即有限合伙人向普通合伙人每年按承诺出资额的1%—2%支付管理费，并支付附带收益（一般为合伙企业利润的20%）。

硅谷（Silicon Valley）的沙山路（Sand Hill Road）是创投资本的大本营。1972年成立的KPCB（Kleiner, Perkins, Caufield &Byers）和红杉资本（Sequoia Capital），以及后来的其他创投公司有机会投资于该地区蓬勃兴起的新兴技术产业。

硅谷的沙山路

1973年，随着新的创投公司的数量不断增加，一些在业界很有影响力的VC投资人发起成立了美国的全国创投资本协会（National Venture Capital Association, NVCA）。

NVCA协会的标志

在1974年美国股市崩盘后，投资者很自然地对VC这种新型投资基金持谨慎的态度，此后VC行业经历了一段短暂的低迷期。

一些早期成立的创投公司至今仍活跃在业界，除了KPCB和红杉资本外，还包括AEA Investors（1968）、TA Associates（1968）、梅菲尔德基金（Mayfield Fund, 1969）、安佰深（Apax Partners）、恩颐投资（New Enterprise Associates, NEA）、橡树投资（Oak Investment Partners）和Sevin Rosen Funds（1981）。时至今日，它们中的一些已经改变了投资风格，不再限于VC业。

在1970年代一些主要的科技公司的创立过程中，VC发挥了积极的作用。这些引入了VC的著名公司包括：天腾电脑公司（Tandem Computers）、基因技术公司（Genentech）、苹果公司（Apple Inc.）、艺电公司（Electronic Arts, EA）、康柏公司（Compaq）、联邦快递公司（Federal Express）和LSI公司。

例如,特里普·霍金斯(Trip Hawkins)在天使投资人20万美元投资的帮助下,于1982年上半年创立以计算机和视频游戏发行为主业的艺电公司(EA)。同年12月,霍金斯从红杉资本、KPSR和Sevin Rosen基金那里获得了200万美元。

EA创始人特里普·霍金斯

特里普·霍金斯:游戏就像SAS,游戏主机独占时代终结

艺电公司游戏部门Bioware与游戏部门Mythic合并

第四节 第三次浪潮：大型收购基金与杠杆收购的兴起
（1976—1992）

一、回溯：第一宗杠杆收购案例

史上第一宗杠杆收购的案例，可以追溯到1955年1月麦克林工业公司（McLean Industries, Inc.）收购泛大西洋汽船公司（Pan-Atlantic Steamship Company）。根据交易条款，麦克林集团借了4 200万美元，并通过发行优先股募集了700万美元。

此后，麦克林公司的操作手法渐趋成熟，以控股

"集装箱运输之父"马尔科姆·麦林(Malcolm Mclean)

的上市公司作为投资工具来收购投资资产组合,这在1960年代成为趋势。今天一些人们耳熟能详的投资界巨擘都是运作这一手法的高手,如沃伦·巴菲特(Warren Buffett,控股Berkshire Hathaway公司)和维克托·波斯纳(Victor Posner,控股DWG公司),以及他们的后生晚辈尼尔森·佩尔茨(Nelson Peltz,控股Triarc公司)、索尔·斯坦伯格(Saul Steinberg,控股Reliance保险公司)和葛利·施瓦茨(Gerry Schwartz,控股Onex公司)。实际上,业内通常认为是维克托·波斯纳最早使用了"杠杆收购"(LBO)一词。

维克托·波斯纳发迹于1930年代和1940年代的房地产投资。在1966年,他取得了DWG集团的控股权。此后,他把DWG作为投资平台,由后者收购其他公司。1969年,波斯纳通过DWG发动的沙龙钢铁集团(Sharon Steel Corporation)恶意收购战(Hostile Takeover)令其一战成名,声名鹊起。此案例是北美最早的恶意收购案之一。

沙龙钢铁公司2号高炉

沃伦·巴菲特一直被视为股票投资大师,而不是PE投资家。事实上,巴菲特在创建其伯克希尔·哈撒韦(Berkshire Hathaway)帝国时运用了与波斯纳当时控股DWG相似的技巧。1965年,在董事会的支持下,巴菲特获得了对伯克希尔·哈撒韦公司的控制权。在巴菲特投资之时,伯克希尔·哈撒韦是一家纺织企业,然而,巴菲特却以它之名收购或参股了数十家保险和再保险公司(GEICO公司),以及其他公司,包括美国运通公司(American Express)、布法罗新闻(The Buffalo News)、可口可乐公司(the Coca-Cola Company)、Fruit of the Loom(著名内衣品牌)、内布拉斯加家具店(Nebraska Furniture Mart)与思丝糖果(See's Candies)。巴菲特的价值投资法和重视收入与现金流的理念,也被后来的股权投资基金奉为投资圭臬。巴菲特不愿意使用杠杆收购和恶意收购技术,从而使自己有别于传统的杠杆收购投资家。

2009年伯克希尔·哈撒韦公司股东年会招贴

伯克希尔·哈撒韦公司股票

二、收购基金先驱者

1976年,杰罗姆·柯尔伯格(Jerome Kohlberg)

及其门生亨利·克拉维斯（Henry Kravis），以及克拉维斯的堂弟乔治·罗伯茨（George Roberts）共同成立了KKR公司（Kohlberg Kravis Roberts）。此前曾在贝尔斯登（Bear Stearns）工作的柯尔伯格、克拉维斯和罗伯茨已完成了许多杠杆收购交易，他们的目标是遇到继承问题的家族企业，例如奥尔金除虫公司（Orkin Exterminating, 1964）、斯特恩金属（Stern Metals, 1965）和鹰牌汽车（Eagle Motors）等案例。

KKR的三位创始者：克拉维斯（左）、柯尔伯格（中）、罗伯茨（右）

1978年，随着《雇员退休收入保障法》修改，新生的KKR公司成功地募集到了第一笔约3 000万美元的机构承诺出资额。同年，KKR收购了工业管道制造商上市公司——霍戴勒工业公司（Houdaille Industries），交易金额为3.8亿美元，这一交易开创了上市公司私有化的先河，并且至今仍是交易规模最大的私有化交易之一。

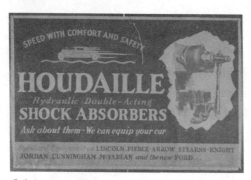

霍戴勒工业公司海报

与此同时，在1974年，托马斯·李（Thomas H. Lee）创立了一个新的投资公司——托马斯·李合伙人（Thomas H. Lee Partners），它是最早的独立PE公司之一，擅长于杠杆收购交易，专注于较成熟公司的杠杆收购，而不是成长型公司的创投资本。

管理层收购出现在1970年代末和1980年代初。最著名的早期管理层收购交易之一是哈雷·戴维森（Harley Davidson）收购案。哈雷·戴维森是摩托车制造商，一群在戴维森工作的管理人员在1981年以杠杆收购方式从AMF集团手中收购了该公司。但在接下来的一年中他们损失巨大，不得不申请针对其日本竞争

哈雷·戴维森UL型（1939年）

105周年纪念版Ultra Classic® Electra Glide®车型

对手的保护。

三、法规变化和税收变化的影响

1980年代杠杆收购的兴起与以下三大法规有关。

（1）1977年卡特税制计划失败，从而减小了对资本利得的歧视政策。因为差异税率制度和资本利得税率的降低，PE投资者普遍应用杠杆减少税负。

1977年1月20日卡特总统在宣誓就职、发表演说

（2）1974年《雇员退休收入保障法》（Employee Retirement Income Security Act of 1974, ERISA）。1974年法案限制企业年金对私人公司的风险性投资。1975年PE行业仅募得1 000万美元。而到了1978年，美国劳工部（US Labor Department）放松了1974年法案的管制，允许企业年金投资到创投资本和其他PE基金。PE行业募集的资金总额从1977年的3 900万美元猛增到1978年的5.7亿美元。企业年金投资者积极投资于高收益债券（High Yield Bond），这对完成杠杆收购交易是极为必要的。

美国劳工部（成立于1913年）

（3）1981年《经济复兴税法》（Economic Recovery Tax Act of 1981, ERTA）。该法案将资本利得最高税率从28%降低到20%，使得高风险投资更具吸引力。

四、杠杆收购的黄金十年：1979—1989

1982年吉伯森贺卡公司（Gibson Greetings）收购案是杠杆收购黄金十年中最重要的交易之一。该年1月，美国前财长威廉姆·西蒙（William E. Simon）和一群投资者（后来成为Wesray Capital Corporation的股东）收购了吉伯森贺卡公司，收购价格是8 000万美元，据传其中只有100万美元是由收购者提供的。1983年中期，吉伯森完成IPO首发，募集了2.9亿美元，而西蒙本人获得了大约6 600万美元。吉伯森贺卡公司收购案的成功，

1982 Stock Option Plan -

Effective Date:	January 25, 1992
Parties:	Gibson Greetings
Sectors:	Manufacturing
Governing Law:	Delaware

Exhibit 10(j)(i)

GIBSON GREETINGS, INC.

1982 STOCK OPTION PLAN

(As amended and restated through April 29, 1993)

1. Name and Purpose. This Plan, as it may be amended and restated from time to time, shall be known as the "Gibson Greetings, Inc. 1982 Stock Option Plan" (the "Plan"). The purpose of the Plan is to advance the interests of Gibson Greetings, Inc. (the "Company") by providing material incentive for the continued services of key employees and by attracting able executives to employment with the Company and its Subsidiaries. The term "Subsidiary" as used herein means a subsidiary corporation of the Company as the term is defined in Section 424(f) of the Internal Revenue Code of 1986, as amended (the "Code"). Reference to any Code Section in this Plan includes the provisions of such Section as it may be amended or as it may be replaced by any section or sections of the Code of like intent and purpose.

2. Administration. The Plan shall be administered by a committee (the "Committee") of the Board of Directors of the Company (the "Board") to consist of at least two directors, each of whom is a "disinterested person" as defined in Rule 16b-3 promulgated by the Securities and Exchange Commission under the Securities Exchange Act of 1934, as such Rule may be amended from time to time, or any successor rule thereto. Subject to and consistent with the provisions of the Plan, the Committee shall establish such rules and regulations as it deems necessary or appropriate for the proper administration of the Plan, shall interpret the provisions of the Plan, shall decide all questions of fact arising in the application of Plan provisions and shall make such other determinations and take such actions in connection with the Plan and the options provided for herein as it deems necessary or advisable.

吉伯森贺卡公司股票期权计划

吸引了大量媒体对方兴未艾的杠杆收购的关注。

在1979—1989年间，个案金额超过2.5亿美元的杠杆收购案例超过2 000宗，著名的案例包括：马隆＆海德公司（Malone & Hyde, 1984）、银首饰屋（Sterling Jewelers, 1985）、Revco药店（Revco Drug Stores, 1986）、南国公司（Southland Corporation, 1987）、联邦百货（Federated Department Stores, 1988），以及美国医院联合（Hospital Corporation of America, 1989）等。

1984年，KKR完成了第一宗10亿美元的杠杆收购，兼并了在电视、电影院和旅游景点领域拥有投资的休闲企业Wometco公司。该收购案以8.42亿美元获得了100%的流通股，以1.7亿美元偿还该公司的债务。

1985年的银首饰屋（Sterling Jewelers）收购案是由托马斯·李操作的。他以不足300万美元的出价收购了银首饰屋公司价值2 800万的Akron公司，两年后以2.1亿美元卖出，获利1.8亿美元。收购后的公司现已成为欧洲最大的珠宝零售连锁企业。

在1980年代中期出现了许多后来闻名遐迩的PE业界大佬，包括：贝恩资本（Bain Capital）、黑石集团（The Blackstone Group）和凯雷集团（The Carlyle Group）等。

此外，随着市场的发展，PE行业内新的细分子行业开始出现。1982年，美国创投资本基金（Venture Capital Fund of America, VCFA）成立，它是第一家定位于在二级市场收购现存PE基金收益份额的基金。1984

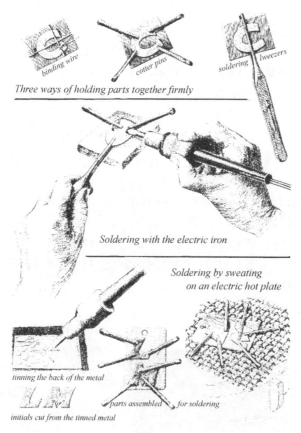

银饰手工工艺

年,第一储备集团(First Reserve Corporation)创立,它是第一家专注于能源领域投资的PE。

五、创投资本裹足不前

1970年代创投资本的巨大成功（如数字设备公司和苹果公司）使得1980年代成为VC行业迅速发展的关键时期。从1980年代早期的十几家发展到1980年代末期的650余家，每一家创投公司都在追求着成功奇迹。尽管机构数量呈数十倍增长，但VC行业管理的资金规模仅增长了11%，从280亿美元增加到310亿美元。

VC行业发展受阻，部分原因在于投资回报率的急剧下降，部分原因在于一些创投公司初次投资即受损失。除了同业竞争加剧的原因之外，还有其他一些影响VC投资回报率的因素。例如，在1987年股市转熊前IPO的冻结，以及外资VC公司特别是日韩VC为初创公司提供了大量的资金。

鉴于VC行业的糟糕状况，那些本来在内部设立了VC部门的公司，例如通用电气（GE）和普惠公司（Paine Webber），都出售或关闭了VC部门。此外，诸如化学银行（Chemical Bank）和伊利诺伊州大陆国民银行（Continental Illinois National Bank）等机构纷纷将其VC分

Prime计算机公司

部的业务重心,从投资于创始阶段的企业转向更为成熟阶段的企业。甚至连VC行业的奠基者J·H·惠特尼公司与华平投资集团也转向杠杆收购和成长资本投资(Growth Capital Investment)。1989年,J·H·惠特尼公司以13亿美元杠杆收购了Prime计算机公司(Prime Computer)。该交易最终被证实为一次灾难性的交易,当Prime公司被清算并偿还了债权人大量资金之后,J·H·惠特尼公司在Prime公司的投资几乎损失殆尽。

六、公司袭击者、恶意收购者和绿票讹诈

尽管各类收购基金有不同的目的和方法,他们通常都被公众视为"公司袭击者"(Company Raider)。所谓公司袭击者,是指不为被袭击公司的管理层所接受的、发动恶意收购或接管行动的投资者。事实并非如此。恰恰相反,收购基金通常会尽力与公司董事会及首席执行官达成和解。在1980年代的许多案例中,收购基金与那些已经面对袭击者压力公司的管理层结成同盟、并肩作战。但是,与杠杆收购相伴生的,是收购基金对高收益债券融资的高度依赖,以及在越来越多的案例中,为偿还债务融资,收购者将被收购公司的主要资产出售,急剧削减成本,以及大量裁减雇员。正因为如此,公众将收购基金与公司袭击者混为一谈。

上市公司的管理层通常会采用一些极端的防御

手段来对抗潜在的敌意收购者或公司袭击者的威胁，包括毒丸计划（Poison Pills）、金降落伞（Golden Parachutes）和增加公司的债务水平。此外，公司袭击者的威胁也有可能诱发绿票讹诈（Greenmail），即公司袭击者和其他参与方可获得相当数量的公司股份，以及收到一笔价值不菲的由上市公司支付的款项（实际上，是一种商业贿赂），以避免公司被敌意收购。绿票讹诈意味着，上市公司现有股东向第三方投资者的转移支付，对现有股东是价值损失，但对现任管理层有利。显然，PE投资者不以"绿票讹诈"为目的，此类"贿赂"的发生也为股票市场参与者所不容。

1980年代最著名的公司袭击者包括：卡尔·伊坎（Carl Icahn）、维克托·波斯纳（Victor Posner）、罗纳德·佩雷尔曼（Ronald Perelman）、尼尔森·佩尔茨（Nelson Peltz）和布恩·皮肯斯（Boone Pickens）等。

卡尔·伊坎在1985年敌意收购了环球航空公司（TWA）并由此赢得了"冷酷的公司袭击者"的称号。在收购之后，卡尔·伊坎有条不紊地将TWA的资产分割出售，以偿还他为了完成杠杆收购所借的债

环球航空公司（TWA）

务。这种手法被称为资产剥离。

1985年,布恩·皮肯斯因其在优尼科公司(Unocal)、海湾石油公司(Gulf Oil)和城市服务公司(Cities Services)收购行动中的作为,以"美国最著名的和最有争议的商人之一"的身份荣登《时代》杂志封面。

《我的人生"狼"字当头》一书再现了"油神"布恩·皮肯斯的枭雄智慧

许多公司袭击者都是麦克尔·米尔肯(Michael Milken)的客户。米尔肯服务的投资银行——德崇证券(Drexel Burnham Lambert),可以帮助客户募集无特定策略基金(Blind Pool),公司袭击者们可以凭此资金实施合法的收购行动,同时德崇证券还可以为收购活动提供高收益债券融资服务。

1984年,德崇证券帮助尼尔森·佩尔茨和他的控股公司三角工业(Triangle Industry)募集了1亿美元无特定策略基金,以增强收购者的信心,这是史上第一个为收购目的而成立的无特定策略基金。

1985年,米尔肯为罗纳德·佩雷尔曼募集了7.5亿美元无特定策略基金,最终帮助佩雷尔曼实现了收购著名化妆品公司露华浓(The Revlon Corporation)的目

标。露华浓收购案因为涉及著名品牌而被媒体广为炒作,并带来了对正在兴起的杠杆收购交易热潮的新的关注。

1989年,KKR完成了对RJR纳贝斯克的收购,总计交易金额为311亿美元。这一交易在随后的17年中蝉联交易额榜首,标志着第三次浪潮的巅峰。

七、德崇证券破产

德崇证券在1980年代主导了高收益债券的发行,从而成为对该时期PE行业繁荣贡献最大的投行。1986年,丹尼斯·莱文(Dennis Levine,德崇证券的一名管理总监兼投资银行家)被指控参与内幕交易,导致德崇证券第一次陷入丑闻。莱文被控四项罪名成立,并指认了他的合作伙伴——被称为"超级交易者"的伊万·博斯基(Ivan Boesky)。主要是基于博斯基答应提供的有关他与米尔肯交易的信息,美国证券交易委员会(the Securities and Exchange Commission)于1986年

11月17日开始对德崇证券进行调查。两天后,纽约南区的联邦检察官鲁迪·朱利安尼(Rudy Giuliani)也开始了调查。

证券交易委员会在1998年9月对德崇证券提起诉讼,起诉的罪名包括内幕交易、操纵股价、欺骗客户和囤积股票非法盈利等。这些指控无一例外地指向米尔肯和他领导的部门。同年,朱利安尼开始认真考虑是否根据《诈骗和腐败机构法案》(Racketeer Influenced and Corrupt Organization Act, RICO)对德崇证券提出起诉,因为该法案的宗旨是公司要为其雇员的罪行负责。一旦被起诉,德崇证券将被冻结其价值10亿美元用于交易的证券或等值的资产。德崇证券的资产负债率为96%,是各投行里最高的。如果要偿还债务的话,德崇证券必将破产。基于此种原因,没有人会把钱借给一家被此法案起诉的公司。

随后,德崇的律师团发现了一个以前从不为人知的叫麦克菲尔森(MacPherson Partner)的合伙人公司,该公司曾为斯托尔广播公司(Storer Broadcasting)发行股票。一部分人的股权被卖给了一个客户,然后又被转卖给米尔肯负责的部门,米尔肯接下来又把这些股权卖给了麦克菲尔森公司,公司的几个合伙人中包括

美国证券交易委员会

米尔肯的孩子和几个基金经理。这样一来就变成了自我交易,甚至是贿赂基金经理。德崇立即把这件事情报告给了朱利安尼,同时,事件的揭露严重损害了米尔肯的信用。

就在大陪审团决定是否起诉德崇的前几分钟,德崇证券同政府达成了认罪协议,它无争议地承认了6项指控,其中3项为囤积股票非法营利,3项为操纵股票交易。德崇证券被罚款65亿美元,这是美国根据大萧条后所制定的《证券法》处以最高罚款的公司。此后,米尔肯在1989年3月被判处10年监禁,并终生不得从事证券业务。

1989年4月,德崇裁员5 000人,关闭了3个交易部门;1989年第4季度,德崇亏损8 600万美元。1990年2月12日,德崇走向破产,它的商业票据评级继续走低,德崇的最后一招就是希望政府来解套。恰在此时,报应来了。利福尼亚联合石油公司的投资银行在当年被皮肯斯恶意兼并的时候是迪隆里德公司,该公司当时的主席是尼古拉斯·布拉迪(Nicholas Brady),他时任美国财政部部长。布拉迪从来没有原谅德崇证券在那起收购案中充当的角色,所以根本就没想过签署什么解套方案。反之,他和证券交易委员会、纽约股票交易所,以及美联储强烈建议德崇进入破产保护。1天之后,德崇申请破产保护。

第一篇 股权投资基金

德崇证券普通股凭证

1990年米尔肯承认6项罪名

八、高收益债券市场关闭

1980年代股权投资交易（特别是杠杆收购）的繁荣，离不开融资渠道的畅通，特别是高收益债券的发行。1989年至1990年高收益债券市场崩溃，标志着杠杆收购交易繁荣期的终结。当时，许多市场观察家断言高收益债券市场"完了"。高收益债券市场崩溃的主要原因有以下三点：

（1）著名的高收益债券承销商德崇证券破产。

（2）高收益债券发行公司违约率（拖欠率）急剧上升。1978—1988年间，全部发行的高收益债券的违约率是2.2%，到1989年违约率剧增到4.3%（市场规模是1 900亿美元），1990年上半年违约率是2.6%。高违约率使得高收益债券市场与美国国库券市场的息差高出700个基点（7个百分点），发行高收益债券的成本大大高于前些年，债券发行人急剧减少。

（3）储蓄和贷款从高息市场指令性地撤出。1989年8月，美国国会制定《1989年金融机构改革、复兴和执行法》（The Financial Institutions Reform, Recovery and Enforcement Act of 1989），要求储蓄和贷款不能投资于评级低于投资级的债券。另外，储蓄和投资机构被要求在1993年底之前出售其低价资产，大量低成本金融资产的供应冻结了高息债券市场的发行。

尽管行业状况糟糕，在此期间却成立了一些

超大型的PE公司，包括阿波罗管理公司（Apollo Management）和TPG Capital。

第五节 第四次浪潮：杠杆收购复兴与互联网泡沫（1992—2003）

自1992年开始直到20世纪末，PE行业再次经历了近十年的空前繁荣，既包括VC业也包括收购基金业，都出现了管理数十亿美元基金的品牌管理公司。1992年PE行业承诺出资总额为208亿美元，到2000年达到305亿美元。

一、杠杆收购行业的复兴

在1980年代，人们谈到PE时几乎总是联想到公司袭击者、敌意收购、资产剥离、裁员、关闭工厂和投资者暴利等负面话题。而当1990年代PE再次出现在人们面前时，人们变得更为理性和体面了。1980年代发生的许多收购都是不请自来、不受欢迎的，而1990年代的PE公司关注于对管理层和股东都有好

《经济学人》杂志

处的共赢交易。根据《经济学人》（Economist）的说法，"大公司们过去对PE唯恐避之不及，而现在却很乐意跟他们做交易。"

PE越来越重视被收购公司的长期发展，并倾向于使用更低的杠杆比率。与1980年代的代表性收购交易中杠杆比率达到公司收购价格的85%—95%相比，1990年代和21世纪头十年中的杠杆收购债务比率仅有20%—40%。例如，KKR在1986年收购西夫韦公司（Safeway）时，其资金的97%来自于债务，只有3%为KKR提供的资本金。但当KKR和TPG在2007年联合收购美国最大的电力企业之一的德州公用事业公司（TXU）时，在总计450亿美元的收购价款中，收购方以自有资本金出资85亿美元（占19%）。此外，PE更愿意投资于资本支出计划，以扩大企业规模和改善生产经营条件，更愿意提供管理层激励计划，以在长期内增加企业价值。

托马斯·李合伙人在1992年收购斯纳普饮料公司（Snapple Beverages）的案例，被视为杠杆收购经过数年的蛰伏重新复活的标志。收购仅8个月后，李将斯纳普饮料公司上市，并在1994年，李将公司以17亿美元的价格卖给了桂格公司（Quaker Oats）。估计李和他的投资者们从该交易中收获了9亿美元。普纳斯在新的管理团队运作下业绩欠佳，仅仅3年后，被桂格公司仅以3亿美元卖给尼尔森·佩尔茨控股的Triarc公司。

也正是在此期间,资本市场再次对股权投资交易开放。在1990—1993年期间,化学银行在早期投资银行家詹姆斯·李(James B. Lee)的带领下,确立了其PE公司主要贷款人的行业地位。到了1990年代中期,化学银行成为当时杠杆收购融资的最大贷款人。詹姆斯·李开创了杠杆融资银团业务和相关咨询服务业务,包括第一个致力于针对PE公司的融资承销组织。

普纳斯果味饮料

1993年,大卫·邦德曼(David Bonderman)和詹姆斯·科尔特(James Coulter)通过其新创立的德州太平洋集团(TPG)收购了大陆航空公司(Continental Airlines)。在当时,几乎只有TPG坚信在航空业存在着投资机会。TPG的计划包括引进一支新的管理团队、提高飞机利用率和集中于利润丰厚的航线。到1998年,TPG该项投资的内部回报率是每年55%。与卡尔·伊坎在1985年敌意收购环球航空公司(TWA)后受到公众舆论的广泛批评不同,邦德曼和TPG被颂扬为航空业的救世主,这标志着公众舆论对PE的态度由自1980年代以来的指责批评转向积极肯定。大陆航空公司收购案是为数不多的PE投资航空业的成功案例

2010年10月联合航空（下）与大陆航空（上）合并成为世界最大的航空公司

之一，事实上PE在该领域的投资遭受了很多严重的失败，包括2008年破产的ATA航空公司、Aloha航空公司和Eos航空公司。

1990年代中后期较著名的收购案例包括：西利公司（Sealy Corporation, 1997）、爱心关怀学习中心（Kinder Care Learning Centers, 1997）、达美乐比萨（Domino's Pizza, 1998）、富豪娱乐集团（Regal Entertainment, 1998）和牛津健康计划公司（Oxford Health Plans, 1998）等。

由于PE市场渐趋成熟，它的投资者基础也日渐牢固。1990

达美乐比萨店

年代初，PE有限合伙投资者的非正式网络组织——"机构有限合伙人协会"（ILPA）成立了，这个保护

2008年5月中国有限合伙人协会（CLPA）成立

PE投资者的组织拥有分布在10个国家内的200个团体会员。2007年年底，机构有限合伙人协会成员管理的总资产过5万亿美元，PE资本认购超过850亿美元。

二、创投资本的高潮与互联网泡沫（1995—2000）

1980年代末，创投资本的投资回报率相对较低（特别是与收购基金相比），部分原因在于创始阶段公司是"热门项目"、IPO过多和许多创投资本基金管理人缺乏经验。

经过一轮洗牌，更成功的VC生存了下来，他们越来越关注改善所投资公司的运营而不是继续进行新的投资。创投资本的业绩开始变得很有吸引力，并最终产生了1990年代创投资本的热潮。

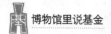

1990年代末期是创投资本行业发展的高潮期，那些硅谷沙山路上的创投资本们从新生的互联网和其他计算机技术中受益匪浅。大量技术类和其他成长型公司的股票首次公开发行，创投资本获利巨大。其中最引人注目的引入创投资本的技术公司包括：亚马逊（Amazon.com）、美国在线（America Online）、E-bay、Intuit、Macromedia、网景公司（Netscape）、Sun Microsystems和雅虎（Yahoo）。

三、互联网泡沫破裂（2000—2003）

2000年3月纳斯达克崩盘，科技行业陷入衰退，进而导致创始阶段的科技公司的估值体系崩溃，并震撼了整个创投资本行业。在接下来的两年里，许多VC公司被迫将其对外投资的相当比例注销，还有很多VC公司出现了严重的账面净亏（基金投资在目标公司中的股权价值低于初始投入目标公司的本金）。VC投资者想方设法减少他们的承诺出资额，并在二级市场上转让他们已经兑现的那部分出资额。2003年中，VC行业规模萎缩到2001年的一半左右。不过，根据普华永道（PWC）的一项调查显示，此后VC行业投资额稳定在2003年的水平上，直至2005年第2季度。

互联网泡沫

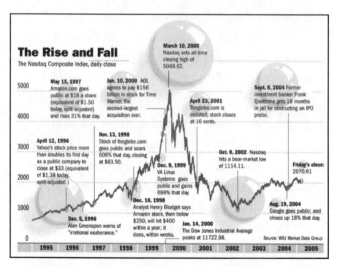

纳斯达克综合指数显示：互联网泡沫在2000年达到顶峰

尽管在高峰之后的数年中，VC行业的投资规模仅是2000年鼎盛时期的很小一部分，但比起1980年至1995年间的行业投资规模还是有所增长。从美国VC行业投资规模占其GDP的比例来看，1994年为0.058%，2000年峰值为1.087%（是1994年数值的19倍），而2003和2004年分别为0.164%和0.182%。

四、杠杆收购市场停滞

随着VC行业的崩溃，杠杆收购交易活动也急剧减少。那些在1996年至2000年间大量投资于电信行业并受益于繁荣时代的杠杆收购基金在2001年突然遭遇重大损失。2001年至少有27家主要的电信公司（负债不低于1亿美元的）申请破产保护。电信公司作为高收益债券的主要发行者之一，将整个高收益债券市场拖入了深渊。高收益债券发行公司的违约率迅速上升，2000年升至6.3%，2001年达到8.9%，这在1990年代是无法想象的。根据穆迪公司的报告，高收益债券违约率在2002年1月达到峰值10.7%。结果，杠杆收购几乎销声匿迹。那些倒闭的前业界新秀们，包括WorldCom、Adelphia Communications、Global Crossing and Winstar Communications，这重创了收购基金行业。

受互联网和电信泡沫破裂影响最大的机构是两家在1990年代规模最大、投资最积极的PE基金公司：汤姆·希克斯（Tom Hicks）领导的希克斯·缪斯基金

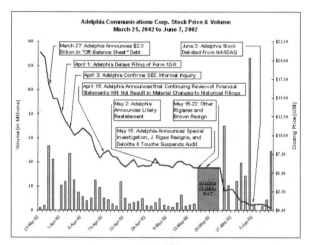

Adelphia Communications公司股价在2002年暴跌直至6月份退市

(Hicks Muse Tate & Furst)和泰德·福斯特曼(Ted Forstmann)领导的福特斯曼公司(Forstmann Little & Company)。他们曾大量地投资于科技类和电信类公司,也因此成为损失最大的PE基金。在1990年代股市泡沫高峰时期,希克斯·缪斯基金对6家电信公司和13家互联网公司的非控股投资给它带来了超过10亿美元的损失,也令希克斯·缪斯基金的声望和市场地位毁于一旦。福特斯曼公司的情况也好不到哪里去,它因投资于McLeodUSA公司和XO电信公司而损失惨重。汤姆·希克斯于2004年年末辞职,而福特斯曼公司再也无法募集到一只新基金。康涅狄格州财政局起诉福特斯曼公司偿还该州实际出资9 600万美元,并取消其2亿美元总投资额的承诺。这些昔日PE业界的大佬们的凄

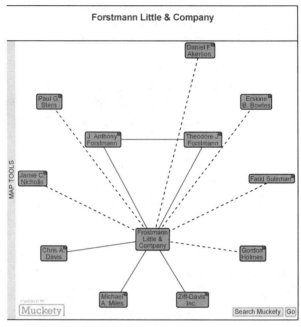

福特斯曼公司投资组合图谱

泰德·福斯特曼（Ted Forstmann）

汤姆·希克斯（Tom Hicks）

楚境地是1990年代的投资者们所难以预见的，这就促使基金投资者们对基金管理人进行更为细致的尽职调查，并在合伙协议中对基金管理人的投资活动进行更广泛、更严格的控制。

在此期间完成的收购交易趋向于较小的交易规模，并较少运用高收益债券方式融资。PE公司不得不以银行贷款和次级债的方式融资，并以较高比例的自有资金投资。不过，PE公司受益于较低的公司估值倍数（如市盈率等估值方法）。因此，尽管PE行业并不活跃，那些逆市投资的基金却为基金投资者带来了较好的回报。2001年，在欧洲完成的收购交易总金额达到440亿美元，第一次超过了在美国完成的107亿美元交易额。2001年全美共计完成6例超过5亿美元的杠杆收购交易，而2000年这一数字是27例。

当基金投资者们试图降低其在PE类资产中的投资头寸时，新生的交易PE份额的二级市场却日渐活跃。二级市场交易规模从历史平均的承诺出资总额的2%—3%增至2001年的5%。很多大型金融机构都出售了其直接投资的资产组合。那些公开披露了二级市场交易的金融机构包括：大通资本（Chase Capital Partners, 2000）、国民西敏寺银行（National Westminster Bank, 2000）、瑞银集团（UBS AG, 2003）、德意志银行（Deutsche Bank, 2003）、阿比国民银行（Abbey National, 2004）和第一银行（Bank One, 2004）。

第六节 第五次浪潮：超大型收购和次贷危机（2003—2009）

自2003年开始，PE行业经历了5年的复苏期。在此期间，PE行业完成了史上交易规模最大的15个杠杆收购案例中的13个交易，投资活动空前活跃，投资者的承诺出资额达到了前所未有的规模，而PE行业领导者迅速扩张了规模、其投资风格也更为成熟。

利率降低、贷款条件放松和上市公司法规的变化共同造就了PE行业有史以来最为繁荣的时期。在安然（Enron）、世通（WorldCom）和百富勤（Peregrine Systems）等公司丑闻暴露后，2002年通过了《萨班斯法案》（Sarbanes Oxley），即《上市公司会计改革和投资者保护法》，着手建立一个新的上市公司的规则制度体系。除了整顿当时注重短期收益而不注重长期价值创造的经营理念外，许多上市公司高管还在为遵守萨班斯法案而失去费用超支和官僚主义而扼腕叹息。许多大公司第一次看到了持有私人公司股权比维持上市公司地位更有利可图。《萨班斯法案》对VC行业的影响正好相反。遵守法规的成本增加了，这使得VC几乎不可能带领年轻的公司上市，并急剧地减少了通过IPO退出的机会。VC被迫通过向战略买家出售公司股权的方式来实现退出。

自2002年以来美国利率持续走低，这降低了借款

2002年《萨班斯法案》通过后在金融业界引起一阵涟漪

成本,并提高了PE公司为大规模杠杆收购交易融资的能力。低利率鼓励投资者重返相对低迷的高收益债券和杠杆信贷市场,使PE更容易获得杠杆收购的债务融资。

一、大型收购的复活(2003—2005)

Dex媒体公司的收购交易,标志着北美数十亿美元的超大型收购交易可能再度获得大量的高收益债券融资,而规模更大的收购交易也可能完成。凯雷集团等领导了交易额达75亿美元的QwestDex收购案,该案例是1989年以来史上第三大公司收购案。QwestDex的收购交易分两个阶段进行:先是在2002年11月以27.5亿

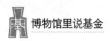

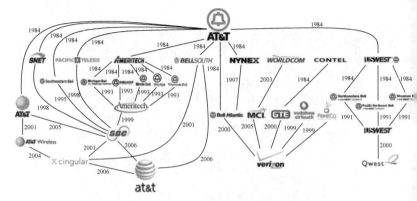

Qwest"家族"图谱

美元收购Dex东媒体（Dex Media East）的资产，后是在2003年以43亿美元收购Dex西媒体（Dex Media West）的资产。

1984年，美国司法部依据《反托拉斯法》拆分AT&T，分拆出1个继承了母公司名称的新AT&T公司（专营长途电话业务）和7个本地电话公司（即"贝尔七兄弟"），美国电信业从此进入了竞争时代。Qwest由USwest经过若干次交易演变而来。

还有一些大规模收购交易显示着PE行业正在复苏，其中包括：贝恩资本收购汉堡王（Burger King）、麦迪逊·迪尔伯恩收购杰弗逊·斯墨菲特公司（Jefferson Smurfit）、贝恩资本与黑石集团及托马斯·李合伙人收购霍顿·米夫林公司（Houghton Mifflin）、黑石集团收购天合汽车公司（TRW Automative），等等。

一元市场公司零售店

在2004—2005年间，重要的杠杆收购交易再次成为人们街头巷尾的谈资，而市场观察家们也被杠杆收购中使用的杠杆比率和获得的融资条件而震惊得目瞪口呆。这一时期比较著名的收购交易包括：一元市场公司（Dollarama, 2004）、玩具反斗星（Toys "R" Us, 2004）、赫兹公司（The Hertz Corporation, 2005）、城域网米高梅（Metro-

米高梅公司Logo

Goldwyn-Mayer, 2005）和SunGard公司（2005）。

二、超大型收购岁月（2006—2007）

至2007年底记录在案的史上10个规模最大的收购交易中，有9个发生在自2006年初至2007年中这18个月内。此外，不只在美国出现了收购基金行业繁荣，在欧洲和亚太地区的工业化国家中，同样出现了新的收购交易记录。

2006年，美国收购基金完成了总交易额3 750亿美元的654家公司收购案，这是2003年总交易额的18倍。此外，2006年美国322家收购基金总计募集了2 154亿美元（承诺投资额），比2000年行业高峰时募资总额高出22%。然而，美国VC行业在2006年只募集了251亿美元，比2005年还要低2%，远逊于行业高峰期的2000年。2007年尽管经历了夏季的信贷市场动荡，美国收购基金业仍然迎来了一个大丰收年，全年有415家收购基金共募集了3 020亿美元（承诺投资额）。

在这一时期的最大的收购案包括：股权写字楼物业（Equity Office Properties, 2006）、飞思卡尔半导体（Freescale Semiconductor, 2006）、通用汽车金融服务公司（GMAC, 2006）、美国医院管理公司（HCA, 2006）、金德·摩根（Kinder Morgan, 2006）、哈乐斯娱乐公司（Harrah's Entertainment, 2006）、丹麦电信运营服务商TDC A/S公司（2006）、萨柏瑞控股公司

通用汽车金融服务公司广告牌

博彩业巨头哈乐斯娱乐公司（现易名为凯撒娱乐公司，即 Caesars Entertainment Corporation）

英国联合博姿公司

（Sabre Holdings, 2006）、有方国际（Travelport, 2006）、英国联合博姿公司（Alliance Boots, 2007）、巴奥米特（Biomet, 2007）、克莱斯勒（Chrysler, 2007）、第一数据（First Data, 2007）和TXU（2007）。

三、PE上市潮

将PE管理公司和PE基金上市显得不同寻常，因为PE经常会收购上市公司并将它们退市。PE管理公司可以不受上市公司季报的约束，并通过鼓吹私有化后的独立性来说服上市公司董事会与管理层接受PE收购并退市的方案。

PE通常有两种上市方式：一种方式是PE管理公司上市，则公司的盈利能力取决于由投资专家和管理人员赚取的管理费和附带权益。此类上市最著名的案例是2007年黑市集团上市；另一种方式是PE基金或类似的投资工具上市，这就为在传统意义上无法成为基金有限合伙人的投资者们提供了参加PE投资组合的机会。

2006年5月，由KKR成立的永续投资工具KPE公司（KKR Private Equity Investors）在阿姆斯特丹泛欧交易所（Euronext Exchange）IPO上市，其IPO融资额为50亿美元，是KKR计划融资额的3倍多，因为KPE的很多投资者是对冲基金，他们早就想成为PE的投资者，但又苦于不能做出长期投资承诺。

起初,类似黑石集团和一些对冲基金都计划步KKR后尘,但当KPE融资规模达到50亿美元之后,它透支了投资PE的需求。随着KPE股价的暴跌,其他基金公司上市计划搁浅了。KPE股价从IPO时的每股25英镑,跌至2007年底

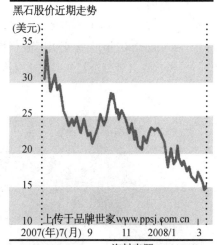

黑石上市后股价一路下跌

时的18.16英镑,并在2008年第一季度创出每股11.45英镑的低点。2008年3月KKR披露其已在二级市场上出售了价值3亿美元的有限合伙人权益以改善流动性和偿还债务。

2007年3月22日,经过了9个月的秘密准备,施瓦茨曼领导的黑石集团提交美国证券交易委员会,计划以IPO方式融资40亿美元。6月21日,黑石集团向公众出售了其拥有的12.3%的管理公司股份,融资41.3亿美元,成为自2002年以来美国最大的一宗IPO。2007年6月22日,黑石集团股票在纽约证券交易所(New York Stock Exchange)上市交易,股票代码为BX,定价为每

股31美元。

在黑石集团上市后不到两个星期,其竞争对手KKR于2007年7月提交美国证券交易委员会,计划通过出售在其管理公司的股权来融资12.5亿美元。此前,KKR已在2006年将其投资工具KPE公司上市。由于此后

KKR股票在纽约证券交易所上市

纽约证券交易所场内经纪人在交易KKR股票

发生了信贷紧缩和IPO市场关闭，KKR无法获得有吸引力的估价，因此上市计划被一再推迟。

与此同时，其他PE投资者们开始寻求将在PE中的权益部分变现的途径。2007年9月，凯雷集团以13.5亿美元的价格将其管理公司7.5%的股权出售给穆巴达拉发展公司（Mubadala Development Company，它是一家由阿布扎比投资局（ADIA）控股的投资公司）。这一交易使凯雷集团的估价达到200亿美元。类似地，2008年1月，银湖集团（Silver Lake Partners）以2.75亿美元的价格将其管理公司9.9%的股权出售给加州公共雇员退休系统（CalPERS）。

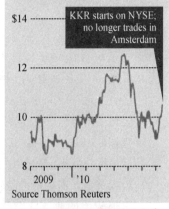

KKR股票从阿姆斯特丹泛欧交易所退市，并在纽约证券交易所上市（首日收盘价10.20美元）

阿波罗管理公司于2007年7月完成了管理公司的股权私募。通过私募而不是公募，阿波罗管理公司可以避免很多施加于黑石集团和KKR的公众监管。2008年4月，阿波罗管理公司向美国证券交易委员会提交书面文件，允许部分股票持有人在纽约证券交易所转让原本只能私下交易的股票。2004年4月，阿波罗管理公司为其旗下上市的业务开发公司，即阿波罗投资公司（Apollo Investment Corporation, NASDAQ: AINV）融资9.3亿美元，主要以次级债、担保贷款和直接投资等方式，投资于大中型企业。该公司还可以投资上市公司发行的证券。

纵观历史，在美国曾有很多上市的PE管理公司是根据1940年《投资公司法》（the Investment Company Act of 1940）注册的业务开发公司（Business Development Companies, BDCs）。典型地，业务开发公司采用房地产投资信托基金（Real Estate Investment Trusts, REITs）的结构，这种结构可以帮助它减免公司所得税。为此，业务开发公司必须将其90%的所得分配给投资者，而投资者需要缴纳所得税。至2007年底，市值较大的业务开发公司包括：阿波罗投资公司、美国资本战略（American Capital Strategies, NASDAQ: ACAS）、联合投资股份有限公司（Allied Capital Corp, NASDAQ:ALD）、阿瑞斯资本公司（Ares Capital Corporation, NASDAQ:ARCC）、格拉德斯通投资公司（Gladstone Investment Corp, NASDAQ:GAIN）和柯尔伯格资本公司（Kohlberg Capital Corp, NASDAQ:KCAP）。

四、PE二级市场与资产定价

经历了2000年PE市场崩溃的洗礼，许多PE投资者变得愈发谨慎，他们需要在行情不利之时能够退出未兑现的出资承诺。二级市场曾经只是PE行业的一个较小的细分市场，它的持续活跃将促进新的投资者加入，以便于原有投资者退出，但这个市场始终给人以流动性差和大幅折价的印象。

自2004年开始至2007年，二级市场变成了一个更加有效的市场，在这里第一次交易的资产价格可以达到或超过其公允价值，市场流动性也获得了极大的改善。在这些年里，二级市场已由一个令卖方痛心疾首的次级市场，转变成一个资产供应充足、市场参与者众多的活跃市场。到了2006年，在持续发展的二级市场中进行积极的资产组合管理正变得日益普遍，越来越多的投资者开始通过二级市场买卖来平衡其PE投资组合。PE二级市场的持续发展体现了成熟和规模较大的PE行业的发展。公开披露的二级市场交易中规模较大的包括（估计超过2/3的二级市场交易没有公开披露）：加州公务员退休基金（2008）、俄亥俄州工人赔偿局（Ohio Bureau of Workers' Compensation, 2007）、大都会人寿（MetLife, 2007）、美国银行（Bank of America, 2006/2007）、梅隆金融公司（Mellon Financial Corporation, 2006）、美国资本战略（American Capital Strategies, 2006）、摩根大通银行（JPMorgan Chase）、淡马锡控股公司（Temasek Holdings）、德累斯顿银行（Dresdner Bank）和代顿电力照明（Dayton Power & Light）等。例如，2008年加州公务员退休系统就同意向二级市场的投资者出售20亿美元的遗产PE基金资产组合。

五、次贷危机（2007—2008）

美国科罗拉多州丹佛的一处个人房产在次贷危机中被抵押贷款机构收回后贴出出售融资的公告

2007年7月，次贷危机风暴席卷抵押贷款市场，也波及杠杆融资和高收益债券市场。2007年上半年PE市场持续强劲，而到了7、8月份，高收益债券发行量和杠杆贷款规模明显减速。不确定的市场条件导致息差扩大，许多公司和投资银行在该年夏天搁置了债券发行计划。5月之后的市场反弹并没有如期而至，市场信心不足导致无法为交易定价。9月底，信贷风暴的影响范围变得清晰起来，特别是当花旗集团（Citigroup）和瑞银国际等主要贷款机构宣布了其因信贷损失而导致的重大资产减记。杠杆融资市场几乎陷入了停滞。由于市场条件突然恶化，收购方开始减记在市场顶峰期购入的资产价值，涉及的著名机构包括：哈曼国际（Harman International, 2007）、学生

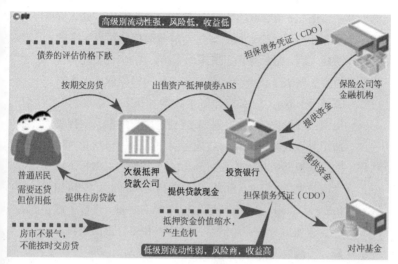

次级抵押贷款（"次贷"）形成图

贷款营销协会（Sallie Mae, 2008）、清频通信（Clear Channel Communications, 2007）和BCE（2007）。

右下图为位于美国底特律市特拉维斯大街8111号的一栋两层楼的住宅，在次贷危机期间由于房屋的主人无力偿还贷款，银行收回了这栋住宅，而由于市场低迷，这套房子难以再次出售，为了甩掉这块烫手山芋，银行不得不打出1美元的价格。

次贷危机中的1美元住宅

例如,在2007年清频通信公司收购案中,贝恩资本和托马斯·李合伙人经过与清频通信公司半年多的谈判之后,最后赢得了股东的支持,以267亿美元(含债务)购买了该电台运营商。该收购得到创始人梅斯家族(Mays)的支持,但是收购者被要求在要约前提请代理投票若干次。后来遇到了次贷危机,银行收回了对该收购的承诺,收购者对银团——包括花旗集团、摩根斯坦利(Morgan Stanley)、德意志银行、瑞士信贷银行(Credit Suisse)、苏格兰皇家银行(Royal Bank of Scotland)和美联银行(Wachovia)进行了起诉,迫使后者融资。最后,收购方和银行银团重新谈判,降低报价,增加贷款利息,完成收购。

次贷危机还促使收购基金参与一些新型的交易以将资金投出。这些交易包括PE投资公众公司股权(PIPE),以及购买现有的杠杆收购交易中的债务,如2008年花旗集团贷款资产案(Citigroup Loan Portfolio)。在2008年第一季度次贷危机达到高峰后,阿波罗管理公司、TPG Capital和黑石集团完成了对花旗集团125亿银行贷款资产组合的购买,后者主要由在市场高峰期为杠杆收购交易融资的高级保障杠杆贷款组成,花旗集团在次贷危机前无法处理该项贷款,该贷款被认为以低于面值出售。

《大公报》漫画：中国勿坠入"英雄救美"漩涡

第七节 欧洲和亚洲的PE行业

一、欧洲的PE行业发展

作为欧洲金融中心的英国，是欧洲私人股权投资市场的领头羊。欧洲最早的一笔由PE完成的杠杆收购，发生在1980年代的英国。英国PE基金的发展与美国有众多相似之处，都是在一系列政策和市场因素的作用下不断发展。近三十年来，随着经济和金融的全球化，英国已经和美国一起，成为全球最发达的两个股权投资市场。

欧洲（主要指英国）的PE行业经历了以下五个发

展阶段。

1. 萌芽时期（1970年代末—1980年代初）

1979年至1982年，经济衰退迫使很多破产企业被收购重组。1980年，二板股票市场的开辟，大大增强了小型杠杆收购投资者退出获利的可能。

2. 第二阶段（1980年代中期—1980年代末）

这是PE杠杆收购快速发展期。PE公司开始在其收购的公司中引入自己的管理团队，与此同时，美国银行的进入为杠杆收购提供了融资来源，促进了市场的蓬勃发展。

3. 第三阶段（1990年代初的经济衰退）

和美国一样，在这一时期欧洲杠杆收购的数量和交易总额都出现了大幅下滑，很多在1980年代完成的高杠杆收购出现了债务危机，不少外国银行开始收紧银根，有的甚至放弃了对PE的投融资业务，PE行业陷入萧条。

4. 第四阶段（1994年—2004年）

随着经济的复苏，PE行业重新活跃起来，交易总额在2000年创出新高。一直到2003年末互联网泡沫破裂之前，市场一直保持着旺盛的增长势头。

5. 第五阶段（2004年至今）

市场在曲折中继续成长，PE基金空前活跃，其募集资金的能力大大增强。2005年，欧洲PE最大的一笔交易数额超过了1亿英镑，交易总额也达到了历史最高的242亿英镑。

欧洲各国PE行业的发展存在很大差异。瑞典、英国、法国的PE行业最为活跃,而西班牙、意大利和德国的PE行业相对来说还不够成熟。

除了法国和瑞典之外,欧洲大陆其他国家的PE行业直到1996年才开始慢慢成熟起来。近几年,随着美国市场的不断饱和,PE基金纷纷到欧洲寻求投资目标。欧洲大陆尤其是西欧各国有着相当数量的家族企业,也有众多需要剥离非核心业务改善资产结构的大型企业,这些都是PE基金投资的对象,这也是为什么欧洲大陆的PE行业在近几年间一直保持火爆的原因。

据统计,英国仍然是欧洲第一大PE市场,但在整个欧洲市场所占比例已经有所下降,从此前的50%下降到了2006年的20%(以金额计算)。从规模上看,法国是继英国之后欧洲第二大私人股权投资市场。

二、亚洲PE行业

亚洲PE行业正在成长。PE基金在亚洲的投资规模由1998年的50亿美元增加到2005年的250亿美元。亚洲的投资规模正在增加。2005年亚洲PE平均交易规模为0.64亿美元,而这一数字在1998年仅为0.06亿美元。超过5亿美元的PE交易数量也由2000年的2宗上升到2005年的9宗。

日本则是亚洲PE市场的急先锋。与美国相比,日本的PE行业发展相对滞后。日本的VC基金起步于1950年代初。为了扶持高科技中小企业,日本于1951年成立了创业企业开发银行,向高技术创业企业提供低息贷款，从而揭开了日本PE发展的序幕。1950年代末，日本颁布了《中小企业投资法》，各种中小企业投资促进公司相继成立，投资业开始迅速发展。

1963年，日本政府为了扶持中小企业，特别是PE的发展，在大阪、东京及名古屋成立了三家"财团法人中小企业投资育成会社"，这标志着日本产业投资基金的问世。1974年，日本通产省设立了官商一体的产业投资企业中心（Venture Enterprise Center），进一步促进了产业投资基金的发展。在民间，首家产业投资基金当属成立于1972年的"京都企业开发社"。

从整体上看，在20世纪60年代经济、金融相对宽松的背景下，日本爆发了第一轮产业投资热潮，其后因第一次石油危机的冲击而停顿。1983—1986年，日本又掀起了第二轮产业投资基金的发展高潮。1983年股票市场上柜交易标准放宽，同时，企业为摆脱第二次石油危机的阴影，致力于开发节省能源的生产方式，提高生产效率，加上电机、新材料、生物工程等新技术革新，这些都使产业投资基金业得到蓬勃发展。但此轮热潮自1986年起因较大规模产业投资基金的相继倒闭而告结束。

1993年以来，日本又兴起了新一轮产业投资基金发展热潮，背景是日本经济深受泡沫经济破灭和日元升值的双重冲击。从产业投资基金参与主体上看，前两次高潮以证券公司及银行投资为主，这一次则以人寿保险公司、财产保险公司，以及一般企业为代表。

第八节 PE的作用和影响

一、对科技进步的影响

在过去的60余年中,创投资本推动了包括信息技术在内的科技进步和科技成果商业化,大大扩展了人类对宇宙、自然和自身的认知空间和行动空间,极大地丰富了人们的生活内容,便利了人们的沟通交往。特别是以计算机、互联网和软件行业为代表的信息技术革命,极大地提高了人类知识的创造、积累和传播速度,从而极大地增进了人类社会创造财富的能力。

物联网改变生活

二、对资源配置的影响

在过去的50余年中,收购基金参与并推动了第三次(1960年代末)、第四次(1970年代末)和第五次(1990年代末)并购浪潮,促进了经济资源的整合重组，改善了人们利用资源创造财富的能力。

收购基金通过行业内的纵向和/或横向整合、剥离非主营业务等技术手段帮助企业家们建立起自身的核心竞争优势；通过提供成长资本、扩展营销网络等方式帮助中小企业迅速成长；通过恶意收购、"对赌条款"等方式向管理层施加压力，有助于改善日益严重的股东—管理层之间的委托代理问题；通过杠杆收购，最大限度地节约自有资金和金融资源。

一项对1970—2007年间全球范围内的21 397个PE交易的研究发现：

（1）6%的收购交易以破产或财务重组而告终。这相当于年平均1.2%的破产率或者严重财务困境。这一数据甚至低于美国的公司债拖欠率，后者是年平均1.6%。

（2）这些企业被收购后的财务业绩显著优于同行业企业。那些1980年代发生在美国的并购案，投资后3年比之收购前1年，其营业利润率每年以20%增长，净现金流量年增长40%。尽管这些数据在1990—2006年间有所下降，但年销售收入增长、净现金流量增长仍达到14.3%。

在新兴行业内和在传统行业中担负着创新任务的公司背后，时时闪动着PE的身影。

中国企业积极通过海外并购来优化资源配置

三、对财富管理的影响

在过去的30余年中,PE通过集合资源、专家管理的模式,已成为人类社会积极有效的财富管理方式之一,为推动退休保障等公众事业的发展做出了巨大的贡献。

美国PE年化收益率历史表现(截至2005年底,%)

基金类型	1年平均	3年平均	5年平均	10年平均	20年平均
VC(1)	15.6	7.5	−6.8	23.7	16.5
初创型	8.3	3.1	−10.9	41.5	20.4
平衡型	24.3	11.7	−3.5	18.9	14.6
成熟期	6.9	8.6	−4.1	11.3	13.5
收购基金(2)	31.3	16.3	5.2	9.2	13.3
小型	11.5	7.8	2.1	7.9	25.4
中型	33.8	10	2.9	10.9	16.5
大型	18.2	16	4	10.2	12.7
超大型	35.7	17.8	6	8.8	11.4
夹层资本(3)	12.2	4.8	2.2	6.4	8.9
PE(1+2+3)	22.6	13.1	1.5	12.3	14.2
纳斯达克指数	5.2	14.2	−2.2	7.7	12.4
标准普尔500指数	6.3	10.1	−1.1	7.3	11

资料来源:Thomson Financial/美国创业投资协会

如上表所示,美国PE在大多数时候获得了超过投资股票市场的回报率。这部分解释了为什么欧洲PE大部分资金来源于保险公司、养老基金、政府机构和银行等较为保守的投资机构。

PE基金的资金来源

投资者	欧洲PE
银行	24%
保险公司	12%
养老基金	22%
基金之基金	9%
政府机构	6%
个人投资者	6%
基金自身盈利	5%
资本市场	1%
其他来源（如大学捐赠基金）	15%

资料来源：欧洲创业投资协会

几乎美国所有的州政府和地方政府都假设退休基金的年收益率为8%。这个收益假设是重要的。如果投资回报率降低1%，则美国退休基金承诺发放给退休人员的养老金总额与他们的发放能力之间的差距就可能高达13 000亿美元。而8%的年收益率基本上是股票市场的历史平均回报率。而要实现这样的收益率，退休基金需要将更高比例的资金投给PE，因为多数投资人预

华尔街"权力之屋"：史密斯·沃伦斯基牛排馆，巴菲特一年一次的天价慈善午餐在这里举行

期未来的股票投资回报率将低于8%。

四、对改善就业的影响

美国国家创投资本协会的一份研究成果发现，1970—2005年期间，创投资本培育的企业创造了1 000万个工作岗位，其产值在国民生产总值中约占17%。

美国人口调查局（U.S Bureau of the Census）追踪几乎所有PE所投企业，以及其投资前后的劳动力状况。分析5 000家有PE投资的美国公司和其30万个商业化机构，以及600万个同类机构之后发现：PE投资的机构相比于独立机构，能创造超过6%的新增就业岗位，也就是说在原所在地之外创造了大量新的工作机会。

人才招聘会场

第二章 中国股权投资基金沿革

第一节 中国第一次PE浪潮
（1991—2000）

1991年，熊晓鸽以国际数据集团（IDG）董事长亚洲业务开发助理的身份回国考察。次年，IDG在波士顿组建太平洋中国基金，从而成为外资VC进入中国的第一梯队的领头羊。随后，华登国际、汉鼎亚太、中国创投、美商中经合等也进入中国。早期外资VC多以合资方式进入中国，投资金额较小，通常是十几万美元，例如，1994年IDG投资风华高科、南京拓普金额为34万美元。

1995年,《设立境外中国产业投资基金管理办法》获准通过,鼓励国外创业投资公司来华投资。一些外资PE闻风而动,进入中国淘金。在其后数年间,外资PE投资模式日趋成熟,即外资PE以境外控股公司作为投资标的,而这个境外控股公司在境内设立独资企业(WOFE),WOFE则控制真正的业务经营实体和利润来源。

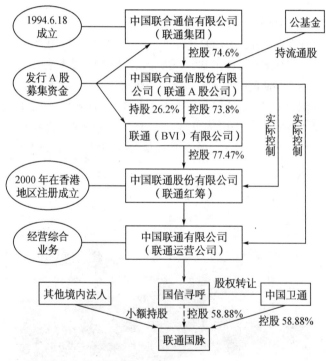

中国联通的"红筹结构"

2000年3月,日本软银集团孙正义投资的亚信科技在纳斯达克上市,当日涨幅就超过300%,这标志着中国第一次PE浪潮的巅峰,也预示着互联网泡沫即将崩溃。中国第一次PE浪潮以VC为主,这期间创立了许多新兴行业的公司,例如中华网、搜狐、盛大、腾讯、阿里巴巴、当当网、8848、瀛海威、新浪、网易、UT斯达康等。

第二节 中国第二次PE浪潮
（2001—2005）

2003年12月,携程在纳斯达克成功上市。携程的投资者IDG、日本软银集团和凯雷都获得高倍数回报。这标志着中国第二次PE浪潮的开启。此后,无

携程成功上市

锡尚德、如家快捷酒店等先后得到了VC的鼎力相助。

2004年1月,弘毅投资重组江苏玻璃集团为中国玻璃控股有限公司。次年6月,中国玻璃在香港主板成功上市。此役令弘毅一战成名。弘毅投资（2003年成

立)、鼎辉投资(2003年成立)、中信资本(2002年成立)和招商局富鑫基金(2001年在香港成立)是中国内地早期PE行业中最活跃的具有中资背景的投资机构,堪称中资PE"四剑客"。

2004年6月,TPG旗下的新桥资本(New Bridge Capital)以12.53亿元人民币,从深圳市政府手中收购深圳发展银行的17.89%的控股股权。该案例被视为(外资)PE在中国第一宗获得实际控制权的交易。

2004年9月,中华全国工商业联合会并购公会("全国工商联并购公会")正式成立。这是中国内地第一个有PE背景的行业协会。

2003中国十大并购人物及部分参会嘉宾合影

2005年9月,凯雷集团对太平洋人寿投资4亿美元,获得24.975%股权。这是迄今为止在中国内地发生的最大的PE交易之一,标志着中国第二次PE浪潮的顶

第一篇 股权投资基金

中国太保H股上市开盘场景

峰。中国第二次PE浪潮的早期以VC为主,末期以收购基金为主。

第三节 PE方面的政策法规

2005年10月,徐工集团(与徐工机械)和凯雷徐工签订协议,凯雷集团以3.75亿美元收购徐工机械85%股权。消息一出民众哗然,出现了"国资贱卖论"。此后交易各方虽几经努力,但交易最终没有达成。凯雷收购徐工案例标志着外资收购基金在中国的收购活动开始受到政府的关注。

2005年10月,国家外汇管理局发布《国家外汇管理局关于境内居民通过境外特殊目的公司融资及返程投资外汇管理有关问题的通知》(即"75号文")。

2006年2月,《国务院关于加快振兴装备制造业

博物馆里说基金

的若干意见》("《若干意见》")出台；同年6月，《若干意见》正式发布。在《若干意见》中确定了16项重大技术装备和产品作为优先发展的重点，并提出大型重点骨干装备制造企业控股权向外资转让时，应征求国务院有关部门的意见。其后制订的限制外资并购实施细则，采取划定受限制的行业目录、设立部际联席会议（即多部委联合听证会）对重大并购行为进行行政审批等管理方式，对装备制造业、金融业、部分稀有金属采掘业、能源业、石化业和汽车业等实行外资限制性投资政策。

2006年3月，国家发改委、科技部等十部委联合颁布的《创业投资企业管理暂行办法》施行，

包含设立与备案、投资运作、政策扶持、监管等一系列条款。《办法》突破了"风险投资"范式下创业投资仅作为高技术发展工具的定位,把创业投资的对象定义为"处于创建或重建过程中的成长性企业"。《办法》成为中国PE基金监管实践的重要里程碑。

2006年9月,《关于外国投资者并购境内企业的规定》(即"10号文")施行,明确规定利用特殊目的公司在境外上市(即俗称的"小红筹"上市)必须经过六部委的同意和审批。10号文的出台大大加大了境外上市的成本、时间和不确定性。外资PE在中国投资常用的红筹结构难以实现,因而PE不得不考虑安排更为复杂的交易结构以满足退出和法律的共同要求。自10号文公布以来,尚未有中国境内公司按照10号文的规定实现境外上市的报道。

2006年12月,国资委《关于推进国有资本调整和国有企业重组的指导意见》("《指导意见》")出台,提出国有经济应对关系国家安全和国民经济命脉的重要行业和关键领域保持绝对控制力,包括军

我国跨国并购出售额逐年增加

资料来源:2002-2003 跨国公司在中国投资报告

跨国并购出售额(单位:亿美元)

	1992	1993	1994	1995	1996	1997	1998	1999	2000	2001年
全球	793	831	1271	1866	2270	3048	5316	7660	11438	5940
中国	2.2	5.6	7.2	4.0	19.1	48.6	8.0	24.0	22.5	23.2

朱剑敏 孟丽静 编制(新华社3月17日发)

工、电网电力、石油石化、电信、煤炭、民航、航运等七大行业。《指导意见》意味着无论外资还是内资民间资本（包括实业资本和PE），都无法在上述领域进行重大的收购交易。

2007年3月，中国银监会批准实施《信托公司管理办法》和《信托公司集合资金信托计划管理办法》，正式引入合格投资者制度，鼓励信托公司发展信托型PE基金。当年4、5月间，深圳达晨创投和湖南财经信托发行了一个产业基金信托计划，募集到7 500万元人民币，存续期7—10年，来自27位个人投资人，个人资产不低于1 000万元。

2007年6月，新《合伙企业法》生效，消除了PE前期面临的法律障碍，明确了法人可以参与合伙，确立了有限合伙制度，并增设合伙企业破产的规定。当月，国内首家有限合伙制PE深圳南海成长成立，首期募集的1.62亿元全部来自民间，50%以上的资金将重点投资深圳市《创新型企业成长路线图计划》中的拟上市企业。

2007年7月，第一届天津国际融资洽谈会（"融洽会"）召开。目前，由天津市政府、全国工商联并购公会和美国企业成长协会共同举办的融洽会是中国规格最高、规模最大、影响范围最广的国际PE论坛。

2008年4月,经国务院批准,财政部、人力资源和社会保障部同意,全国社保基金获准投资经发改委批准的产业基金和在发改委备案的市场化股权投资基金,总体投资比例不超过全国社保基金总资产(按成本计)的10%。目前社保基金总资产超过500亿元人民币。有消息称,鼎晖、弘毅在募集第一只人民币基金时,分别获得了来自社保基金20亿元人民币的投资,社保基金成为这两只基金出资最多的投资人,这也是大型国有投资机构与市场化PE管理者的首次合作。

2008年9月5日,深交所修订《股票上市规则(2008)》,对在发行人刊登首次公开发行股票招股说明书前12个月内以增资扩股方式认购股份的持有人,要求其承诺不予转让的期限由36个月缩短至12个月。新规则有利于创投资本和成长资本退出。

2008年10月,国务院办公厅转发发展改革委等部门《关于创业投资引导基金规范设立与运作指导意见的通知》(国办发〔2008〕116号),解决了长期困扰创投引导基金的规范化问题,从而将起到进一步鼓励创业投资引导基金设立、规范其运营的作用。

2008年12月,国务院常务会议公布的金融促进经济发展的九条政策措施("金九条")中,明确要以"创新融资方式,通过并购贷款、房地产信托投资基金、股权投资基金和规范发展民间融资等多种形式,拓宽企业融资渠道",中国政府高层首次提出发展"股权投资基金"，拓宽企业融资渠道。当月，《国务院办公厅关于当前金融促进经济发展的若干意见》（"金九条细则"）发布，其中明确提出，要适时推出创业板、拓宽企业融资渠道和民间投资领域、落实和完善促进创投企业发展的税收优惠政策。明确提出要制定股权投资管理办法。"金九条细则"首次以"股权投资基金"取代以往"产业投资基金"的官方称谓，释放了坚持市场化改革取向的强烈信号。

2008年12月，银监会出台了《商业银行并购贷款风险管理指引》，打破了12年来对并购贷款的限制。此前，根据中国人民银行《贷款通则》，"银行资金不得参与股权融资，特殊情况下除外"。在试行阶段，贷款的对象还仅限于中信、首创这样的大型国企。

2009年3月，国家发改委批准设立中国股权投资基

金协会，并同意作为协会主管单位。

2009年5月，中国证监会制定的《首次公开发行股票并在创业板上市管理暂行办法》实施。创业板的推

出为PE的退出提供了一条持续稳定的通道。

2009年6月,国家发改委会同国务院有关部门制定的《股权投资基金管理办法》已经形成基本草案并拟上报国务院,内容主要涉及PE基金的设立、PE的备案和市场化核准。

中国股权投资基金协会会长邵秉仁

第三章 PE名人堂

第一节 创投资本之父——乔治·多里奥

乔治·多里奥（George Doriot）有这样的名言："你最好把钱投给平庸但执行得出色的点子，而不要投给出色但执行得差劲的点子。你可以考虑对一位有二流想法的一流企业家投资，但不能考虑对一位有一流想法的二流企业家投资"。

乔治·多里奥（1899—1987）号称"创投资本之父"，曾任哈佛商学院教授并在那里工作了40多年。在哈佛任教期间，多里奥就像是星球大战里的尤达大师一样，把自己的智慧悉数传授给一代又一代不断成长的年轻学子。他讲授的课程为《制造学》，但实际上他向学生灌输的是他自己的人生哲学与商业理念，他关于风

《完美的竞赛："风险投资之父"多里奥传奇》（creative capital）封面

险投资的讲座被誉为传奇。

多里奥生于法国巴黎。21岁那年，他听从父命离开了饱受战争摧残的家乡，远赴美国安身立命。他入读哈佛大学商学院，并凭借自己坚持不懈的努力成为该学院最有影响力和最受欢迎的教授。这段经历对多里奥是很重要的，他的很多学生日后不是在政府身居高位，就是在商界担任要职。

二战时，已经成为美国公民的多里奥参了军。在那里，他逐步学会了如何成为一名风险投资者。在出任军需总部下属的研发部门主管时，多里奥指挥部属研发出多项发明成果，例如防水纤维、可以抵御寒冷天气的鞋子与制服、遮光剂、杀虫剂和营养丰富的野战食品，包括战场应急口粮。鉴于他取得的辉煌成就，多里奥被提升为陆军准将，获得了特别贡献奖章，这是给予非战斗人员的最高军事奖励。

多里奥的战时经历证明他拥有独一无二的天赋：他不仅目光长远，而且很有行动力，他精力充沛、守纪律并具有非凡的感召力，能积极地把自己的伟大设想付诸实践。这些特质确保了多里奥于1946年成功出任美国第一家创投公司——总部位于波士顿的美国研究与发展公司（ARDC）总裁。他突破了传统观念，试图证明耐心地投资那些高风险的小企业也能创造巨大的财富。当时，著名投资家查尔斯·克德林（Charles. F. Kettefing）曾预言说不出5年，美国研究与发展公司就得关门大吉。然而，在接下来的25年时间里，多里奥用实际行动证明克德林的预言是完全错误的。美国研究与发展公司共培育了150余家新企业，其中包括数字设备公司（DEC）等多家企业，获得了巨大成功，推动了美国经济与技术的发展。美国研究与发展公司极大地促进了电脑、核粒子加速器、医疗设备和海水淡化技术的开发与进步。多里奥甚至还曾向美国前总统老布什创办的第一家企业——萨帕塔石油公司提供过资金支持。

1987年，多里奥病逝。

第二节　VC四大天王

一、VC四大天王之一——唐·瓦伦坦

唐·瓦伦坦（Don Valentine）是"硅谷创投之父"、VC四大天王之一。瓦伦坦于1972年创办红杉资本（Sequoia Capital），投资超过350家新科技公司，其中包括领导个人电脑革命的苹果电脑、开创游戏机工业先河的Atari、著名的数据库公司Oracle、网络硬件巨人Cisco、网络传奇Yahoo等。

唐·瓦伦坦

在瓦伦坦创立红杉资本之

前，他曾在仙童半导体和国家半导体两家公司担任销售方面的要职。瓦伦坦善于解读市场变化和应对这些变化。他个人的风险投资教育也来自于国家半导体时期的经历：因为当年公司规模小，使得公司不能为所有客户提供产品，必须有人来判断哪些客户值得长期合作，哪些客户需要果断拒绝。负责这一决策的瓦伦坦必须根据对方公司的市场前景和短期产品的商业价值来不停做出预测。

瓦伦坦的投资理念可以归纳为一句话："投资于一家有着巨大市场需求的公司，要好过投资于需要创造市场需求的公司。"后来，这句话被引申为更通俗的"下注于赛道，而非赛手"。"下注于赛道"的一个重要原因是，天才创业者非常罕见。瓦伦坦曾表

《时代》封面人物史蒂夫·乔布斯创建苹果公司

示，自己一生只见过两个拥有超人洞见的创业者：英特尔的罗伯特·诺伊斯和苹果的史蒂夫·乔布斯（Steve Jobs）。

瓦伦坦对苹果公司的投资颇具戏剧性。1976年秋，乔布斯决定设立自己的公司，大刀阔斧地干一场。有一天，乔布斯正在车库里工作，瓦伦坦驾着耀眼的奔驰轿车来访。乔布斯当时穿着截短的牛仔裤和拖鞋，长发披肩并留着两撇胡志明胡子。瓦伦坦没借给他资金，但还是把他介绍给前英特尔市场开发经理马古拉。不过，后来瓦伦坦还是没有放过这个回报数亿美元的发财机会。

瓦伦坦另一值得骄傲的投资案例是思科公司（Cisco Systems）。思科的两个创始人桑蒂·勒纳（Sandy Lerner）和莱昂纳德·波萨克（Leonard Bosack）曾是斯坦福大学的学生，莱昂纳德是计算机系而桑蒂是市场系的。毕业后这对夫妇分别负责计算机系和市场系的电脑系统。当时他们为了解决两系之间电脑网络不能互联的问题，决心做一个能连通它们的东西，这就是现在的路由器的雏形。1984年，勒纳和波萨克创立思科公司。随着公司的发展，思科需要资本投入以扩大规模。勒纳和波萨

桑蒂·勒纳（Sandy Lerner）和莱昂纳德·波萨克（Leonard Bosack）夫妇

克与74家创投公司谈过，但没有一家愿意给他们投资，投资者们认为他们根本没戏。这时，瓦伦坦慧眼识珠，投资240万美元，获得了思科

思科公司标志

30%的股份并有了人事管理权。瓦伦坦所做的第一件事就是为思科物色资深的执行总裁。他最后找到了约翰·莫格里奇。1990年2月14日，思科成功上市。这一天恰好是情人节，英语也叫瓦伦坦节，这也是瓦伦坦后来津津乐道的。

二、VC四大天王之二——亚瑟·洛克

"创投资本"一词在1965年后广为流传，其发明人是阿瑟·洛克（Arthur Rock）。洛克是VC行业的第一块里

《时代》封面人物阿瑟·洛克意识到：若想获利，就必须抢在大多数人之前进行投资

程碑,是他为硅谷的成长播下了种子,他投资的企业成为美国高科技的领导者,他的投资哲学和为人处世也成为后来者的楷模。

1951年,洛克毕业于哈佛大学商学院后从事投资银行业。他对初创小企业颇有兴趣。1957年,肖克利实验室的8位科学家出走,希望另立门户,但找了35个投资人都遭到拒绝。洛克找到开有照相机厂的Sherman Fairchild,说服他贷款150万美元,成立仙童半导体公司(Fairchild Semiconductor)。但Sherman Fairchild去世后,新的CEO反对以股票奖励员工,导致人才外流,著名的"仙童八叛逆"成立了英特尔公司(Intel Corporation)。1961年,洛克本人也从东海岸来到旧金山,他说"加州人有创业精神,但钱全在东部,所以我决定把东部的钱移到加州来,支持新兴的高科技企业"。

《时代》封面人物安迪·葛洛夫(Andy Grove)

1997年度《时代》杂志的封面人物是英特尔的安迪·葛洛夫(Andy Grove)。他将英特尔的成功归功于当初扶持他创业的阿瑟·洛克。当然,洛克也从英特尔的成长中获得巨大利益。除了英特尔,洛克投资的公司还包括象征硅谷精神的苹果电脑,以及以10亿美金卖给施乐的Scientific Data Systems。

洛克的投资史反映了硅谷的成长史。洛克的谦逊和专业精神渗透了整个创投资本业。创投资本一直甘作幕后英雄，把光彩留给创业家。洛克投资的是人，而不是产品。

英特尔（Intel）广告标志

"我寻找目标的首要条件就是那人是否诚实，而这要花很长时间才能知道。不是说这个人是不是会偷东西，或者拿了钱就逃之夭夭，而是他有没有勇气正视自己犯的错误。你如果问一百个人他们想不想发财，没有一个会说不想，但光有致富的欲望还不行，必须要有牺牲精神——'牺牲'不仅仅是指一天工作20个小时，更是指勇于说'不'的能力。"说"不"的对象包括某些个人的喜好，及任何有碍于企业发展的诱惑。

洛克对投资项目非常挑剔，宁缺毋滥。他会花上一个月至三个月跟创业者深谈，从各个方面了解他的人品。他的案子一般来自友人的推荐；他对创业商业计划书的形式也没有特别的要求，如英特尔的计划书只有短短的两页。这种重人际关系的做法延续到现在。

洛克不是那种给完钱就撒手不管的人，他会积极参与被投资企业的管理，包括定期参加会议，推荐高层主管人选，推荐财务管理公司、法律事务所、公关公司等，用他自己的话说，充当创业者的"心理咨询师"。

洛克认为，创业投资乃是一门艺术，而不是科学。艺术的奥秘可以意会，却难以言传。洛克能把钱押在仙童的集成电路、英特尔的微处理器、苹果的个人电脑上，本该夸耀自己的高瞻远瞩，但他却谦虚地说："我是全世界最幸运的人。像我所投资的那些企业的创始人，全世界加起来也许只有一百来个，我却有幸认识其中十个。这不是运气是什么？"

三、VC四大天王之三——约翰·杜尔

约翰·杜尔的名言是"预测未来的最好方式是开创它，如果你不能开创，至少还可以投资它"。

约翰·杜尔

约翰·杜尔（John Doerr, 1951— ）是美国最有影响力、最具创意、最不拘传统的创投专家之一。杜尔早年获得Rice大学电子工程学士和硕士学位、哈佛大学MBA学位，并在计算机存储器方面拥有多项专利。他曾在1974年加入了早期的Intel公司，当时的工作涉及产品开发、市场与销售。在加入创投行业前，他还创立了一家CAD软件公司Silicon Compilers并担任CEO，还共同创立了全球第一家宽带运营公司@Home。

此后，杜尔成为KPCB公司合伙人，从1980年开始参与了众多硅谷成功企业的早期投资,包括Google、SUN、康柏、亚马逊、网景、Intuit、Lotus、赛门铁克、Cypress、S3、Millennium Pharmaceuticals等。

纵观杜尔所投资的公司,有一个共同的特点——划时代。1970年代末,杜尔担任英特尔在DEC公司的现场工程师,并带领他们进入微处理器时代。

谷歌与亚马逊公司的标志

在整个1980年代,微处理器都是高科技产业的基石,是最为基础的技术。没有微处理器,所有数字业务、个人电脑、信息技术及网络产品都无从谈起。1990年代,杜尔率先投资了网景(Netscape),从而拉开了互联网革命的序幕,从America Online到iVillage,再从Ascend到Verisign,正是这些企业进一步构建了互联网并赋予其新的含义,并且在接下来的阶段中,Google将其发挥到了极致:1250万美元变成44亿美元,投资回报352倍,创下投资界的历史纪录。

杜尔在短短的10年内创造了高达1 000亿美元的经济价值。迄今为止,他已向250家美国技术公司投资超过13亿美元,创造了19.2万个就业机会。

杜尔被称为反盖茨主义者,因为他几乎对每个与微软竞争的公司都提供了重要的帮助，包括Intuit、Netscape以及Sun。

杜尔对保护IT市场自由不遗余力。1996年，他将电脑工业团结起来抵抗加州211提案。一旦通过此法案，股东诉讼案的限制就会放松，这在科技股世界中是个巨大的危机。当时，他创办了科技联网组织（Technology Network），亦称TechNet，这是一个专门向州及联邦政府表达高科技公司需求的政治活动团体。该团体相当积极地为克林顿总统签署安全诉讼统一标准行动进行游说。

杜尔的成功在很大程度上是由于他既坚守长期的合作伙伴关系，同时对技术又有很深的理解。他相信作为创投资本家最重要的工具是关系网和对业界的深刻理解。杜尔的交际能力令人难以置信。他有五个电话号码、两部手机、一个双向寻呼机和两台笔记本电脑与别人保持联系。

第三节　敌意收购的鼻祖
——维克托·波斯纳

维克托·波斯纳（Victor Posner）是杠杆收购的先驱者，业内通常认为是波斯纳最早使用了"杠杆收购"（LBO）一词。

波斯纳出生在一个俄罗斯移民家庭，发迹于1930—1940年代的迈阿密。他购得迈阿密海滨的维多利亚大厦,这是一个衰落的度假饭店。他到那里后,以巴洛克风格对饭店进行了装修。大厦的第17层是他的办公室,办公室外面有一个台球桌和几台弹球戏装置。波斯纳文化程度很低,连中学都没有毕业,说话带有巴尔的摩蓝领工人的口音。

杂志封面上的维克托·波斯纳

波斯纳最初用于公司收购的工具是他在1969年收购的沙龙钢铁公司(Sharon Steel Corporation),此案例是北美最早的敌意收购案之一。他的其他实体有NVF公司、DWG公司、宾夕法尼亚工程公司、APL公司和皇冠公司等,这些公司的所有权纵横交织,错综复杂。

波斯纳在从业生涯中,一直不很重视有关法律法规。他收购沙龙钢铁公司后不久,就让该公司拿出80万美元购买他的DWG公司股票。证券交易委员会对此提起诉讼,指控波斯纳自我交易。这起诉讼后来达成庭外和解,波斯纳的投资实体对指控既未承认也没否认。证券交易委员会还进行了其他调查,但并没有提出控罪。

在证券交易委员会干预之前,波斯纳的许多个人消费(包括他的两个孩子)一直由沙龙钢铁公司支付,包括住房、汽车、司机、游玩等,甚至还有日常用品,这些都被认为是特权享有的东西。即使在公司赔钱的时候，波斯纳及其家人的生活仍然非常奢侈。有一年，沙龙钢铁公司亏损超过6 400万美元，波斯纳在该公司领取的薪水和奖金就有390万美元，他的儿子史蒂文作为公司副董事长拿到了超过50万美元。另外，他还随意使用公司的游艇和飞机。

波斯纳的计划是利用沙龙钢铁公司对别的公司出击。在顶峰时，沙龙钢铁公司持有40多家公司的股份。波斯纳通常挖空心思地把这些公司化整为零出售，如果需要可以一点点出售。

在1985年的一份对波斯纳的秘密财务分析报告中，人们惊讶地发现，波斯纳不再在他所控制的大多数公司里举行年会，甚至在报告财务方面变得越来越拖拉。最终，他的那些公司中没有一家干得出色，波斯纳正在把"黄金"变成"垃圾"。

不过，随着美国证券市场的规范，波斯纳这种"拆东墙补西墙"的办法已经无法奏效，他被迫离开旗下的一些公司，其中大部分公司已经陆续破产，包括他发家的沙龙钢铁公司。到1990年代中期，波斯纳完全退出历史舞台。

2002年2月，波斯纳离开了人世，一个时代结束了。

第四节　PE王国"双人舞"
——克拉维斯及罗伯茨

亨利·克拉维斯和乔治·罗伯茨的名言是："当

我买下它时，不要祝贺我；等我把它卖了时，再来祝贺我吧。"

与KKR的赫赫威名相比，很少有人知道它的创始人亨利·克拉维斯（Henry Kravis）和他的堂弟乔治·罗伯茨（George Roberts, 1944—　）。

亨利·克拉维斯（右）和乔治·罗伯茨（左）

不喜张扬、行事极其低调的两位投资高手在过去30多年中默默地站在他们共同打造的金融旗舰背后，以超乎常人的技巧和合力引领全球最大也是历史最为悠久的PE公司前进。

1970年代初，华尔街股市的崩溃为克拉维斯开启了书写传奇商业人生的大门。面对着那些被股灾折磨得奄奄一息而又不得不出卖身家的上市公司，当时只有29岁的克拉维斯领着罗伯茨找到他们的授业恩师科尔伯格（Jerome Kohlberg），动员老师一起成立一个金融公司，专门收购那些濒临危机但资产仍优良的公司。几天后，一家名为KKR的公司在距离贝尔斯登公司不到500米的地方开业，公司名称源于师徒三人的姓氏的首个字母KKR，而且各自拥有13%的股份。1987年，科尔伯格正式退出KKR，而这对堂兄弟仍像往常一样经营着自己的公司。

罗伯茨不喜欢纽约，几十年来一直住在遥远的加利福尼亚。因此，他可能一天四、五次给克拉维斯打电话，谈论业务事宜。他们也有一些共同的业余爱好，例如，装饰办公室的现代艺术与高尔夫球。他们性格上的差异非常大：罗伯茨说话温文尔雅，比较矜持，甚至有点讳莫如深；而克拉维斯喜爱交际，交际面宽广。但他们两个又都非常强硬，生性喜爱竞争，在与对手的争斗中不愿放弃一丁点的优势。

1988年，KKR收购了Storer Communications有线电视公司，在投资仅为250万美元的情况下获得了2 300万美元管理费。紧接着，KKR又在成功收购Beatrice的交易中得到了4 500万美元的管理费。克拉维斯兄弟凭借着这种轻松赚大钱的方式在接下来的30余年中将KKR推到PE王国的至尊位置。

克拉维斯兄弟并不是杠杆收购的发明者，但他们绝对是这种市场力量的最大成就者。迄今为止，历史上最大的5个杠杆收购案例中有3个是由KKR主导或参与的。

许多竞争对手对克拉维斯兄弟给出了比较中肯的评价。一方面，克拉维斯兄弟要求管理层在决定公司投资方向时首先将重点放在价值创造上；另一方面，克拉维斯兄弟对于股权收购格外慎重。在收购之前，他们都会要求从事并购的团队制定多份详细的计划，确立在5年内被收购企业应达到的目标。

第五节 冷酷的公司袭击者
——卡尔·伊坎

卡尔·伊坎自称："我通常都是在买没有人想要的东西,因为大家一致的看法常常是错误的,如果你随波逐流,成功就会远离你,所以,我买的都是那些不那么耀眼、不被人喜欢的公司,要是整个产业也失宠于大众就更好了"。

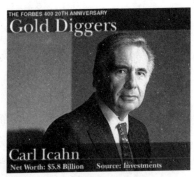

卡尔·伊坎

在纽约皇后区出生长大的卡尔·伊坎（Carl Icahn, 1937— ）既有犹太人与生俱来的商业天赋,也有本土纽约客追逐财富的本能与欲望。伊坎曾在普林斯顿大学攻读哲学,后来又转到纽约大学攻读医学,但他对两门学科都没有兴趣,仅仅在医学院待了半年,就自作主张直奔军营而去。在军营里,年轻的伊坎以自己特有的投机才能迅速成为小有名气的扑克牌高手,而在入伍不到6个月之后,他选择了退伍,开始浪迹华尔街。

初入纽约证券交易所,伊坎感到"它们就像点石成金的魔法师,让奇迹在一夜之间发生,实力、野心和激情在一个个的天文数字中灿然交汇"。被华尔街完全迷倒的伊坎投机技巧出色,但在1962年股市崩溃中财富损失殆尽。栽了大跟头的伊坎清晰地意识到了自己专业知识的贫乏,开始发疯似地到夜校充电,从零开始学习会计、证券分析等基础课程。3年之后,伊坎用自己的积蓄和借来的资金成立了一家名为 Icahn & Co.的小型证券公司,主营风险套利和期权交易。

与当时炒作高科技概念股的"主流"不同,伊坎将目光盯在了传统产业。在他看来,身处传统行业的公司大多拥有价值不菲的资产,增值空间巨大。而且,它们面对的是一个成熟的、现成的而不是潜在的市场,没有太多的不确定因素。伊坎还察觉到,随着全球经济结构改变,很多传统产业存在迅猛发展的机遇,但是由于公司治理和其他种种原因,多数企业规模偏小、投资分散、没有竞争力,如果通过资本并购的方式,将之进行优化整合,前景不可限量。

1980年,伊坎斥资8 000万美元收购了濒临破产的Federal-Mogul汽车零件公司。之后,他聘请麦肯锡公司为企业在战略设计、管理改革等方面提供咨询,并最终使企业成为一个管理规范的现代公司。数年后,伊坎将之出售时获得了超过20倍的巨额利润。

伊坎擅长在二级市场发起目标公司代理权争夺战,著名的案例包括:菲力浦石油公司(1985)、环球航空公司(TWA, 1985)、食品烟草公司、卡通出版公司、百货公司、西联汇款、摩托罗拉、时代华纳、雅虎（2008）、百视达（2011）等，其中14次以完胜结束。而1985年敌意收购环球航空公司一役让伊坎背上了"企业袭击者"的恶名。

由伊坎管理的伊坎合作基金（Icahn Partners LP）自2004年成立至今对投资者的年回报率高达32%。伊坎以13亿美元的年收入被《阿尔法》杂志评为最赚钱的基金经理之一。据《福布斯》富豪榜信息，伊坎的个人资产总额高达130亿美元。

第六节 兼并巨头——罗纳德·佩雷尔曼

佩雷尔曼1943年出生于美国北卡来罗纳州的格林斯保罗。他的家族是当地的豪门望族，祖父拥有价值3亿美元的从事金属加工业的公司，父亲拥有庞大的贝尔蒙特工业集团。佩雷尔曼作为长子，从小就

罗纳德·佩雷尔曼

跟父亲学做生意。他在费城读中学时，课余时间几乎都用来阅读父亲公司的财务收支图表和各种报告。在宾夕法尼亚大学读书时，他更是用大部分课余时间参与父亲公司的经营。大学毕业不久，佩雷尔曼又到沃顿商业学院

深造,1966年获商业管理硕士学位。

在上大学期间,佩雷尔曼成功地做成了他的第一笔生意。他以80万美元买下一家啤酒厂的股份,3年后又将其分两次卖掉,分别获100万美元和200万美元的转让金,净赚200多万美元。

佩雷尔曼总是把目光瞄准那些生产名牌产品的企业,手里不停地拨弄着计算器,计算着这些企业报表中的各种数字,盘算着购买多少股份便能达到控股目的,控股后又必须淘汰哪些不获利的设备、机构,使之优化结构,提高资金的利用率,进而达到大幅增值的目标。

佩雷尔曼的收购力作包括甘草提炼和巧克力制造商MacAndrews & Forbes(1980)、杰克西尔公司(1984)、美国烟草联合公司(1984)、露华浓公司(The Revlon Corporation, 1985)、环球公司(1986)、吉利公司(1986)等。

露华浓是一家庞大的化妆品跨国公司。1980年代中期,该公司每年销售价值10亿美元的化妆品和10亿美元的保健品。1985年,佩雷尔曼击败"白衣骑士"(White Knight)[①]福斯特曼公司(Forstmann Little & Co.),以27亿美元高昂代价收购露华浓。11月,佩雷尔曼出任露华浓公司新总裁。

---

① "白衣骑士"(White Knight)是反收购策略中的一种,是指企业为了避免被恶意收购,而自己寻找的并购企业,企业通过白衣骑士策略,引进并购竞争者,使并购企业的并购成本增加。

佩雷尔曼将恢复美容化妆品业作为公司的首要任务。上任不久，他卖掉露华浓大部分生产保健品的分支部门，因为这些部门赢利甚少。他将所属机构从100个削减到20个，卖掉了公司的喷气式飞机，只保留了隐形眼镜厂和国民健康实验室（National Health Laboratories）。佩雷尔曼把该公司美容业的创始人查尔斯·瑞福森的半身塑像置放在办公大楼的显著位置，时刻提醒广大员工研制美容化妆品才是公司的核心业务。他引入产品流水线，并将研究和开发预算增加了两倍。他亲自出马，到销售露华浓化妆品的各百货商店去慰问那里的高级职员。他还选中电视明星苏珊·露茜作为公司的发言人以及著名摄影师理查德·埃夫登拍摄公司的产品广告。广告结尾语令人怦然心动："世界上最令人难忘的女人都使用露华浓化妆品。"

据1991年美国《公共事业投资》杂志统计，在过去的10年里，罗纳德·佩雷尔曼（Ronald Perelman）拥有的资产超过70亿美元，其中包括约50亿美元的个人财产，从而成为1991年度的美国首富。

第七节 高收益债券大王
——麦克尔·米尔肯

迈克尔·米尔肯（Michael Milken）是自J·P·摩根以来美国金融界最有影响力的风云人物，曾经影响

迈克尔·米尔肯

1990年《时代》封面上的米尔肯

并改写了美国的证券金融业发展史。米尔肯的父亲是一位会计兼律师，从小他就帮助父亲进行支票的分类、编制银行的报表和会计账目。1970年，米尔肯在美国费城大学沃顿商学院获得MBA学位，随后加入费城的德雷克斯投资公司当分析师。他研究发现传统的华尔街投资者在选择贷款或投资对象的时候只看重那些过去业绩优良的企业，往往忽视了它们未来的发展势头，并由此开始了他的高收益债券的投资之路。

米尔肯在德崇证券成立了专门的经营低等级债券的买卖部，由此开始了他的高收益债券的投资之路。他四处游说，寻找愿意购买高收益债券的人，德崇证券再把这些人变成高收益债券的发行人。经他推荐的机构投资者投资的高收益债券的年收益率很快达到了50%。米尔肯和德崇证券因此声名鹊起，并成了高收益债券的垄断者。

1970年代末，米尔肯成为替新兴公司甚至是高风险公司包销高收益债券融资的"财神爷"。经典的案例是米尔肯为美国世界通信公司（MCI）筹得了20亿美元的高收益债券，帮助MCI成功地打破了AT&T对长途电话市场的垄断。

1977年到1987年的10年间，米尔肯筹集到了930亿美元，德崇证券在高收益债券市场上的份额增长到了2 000亿美元。米尔肯成为全美"高收益债券大王"。

1984年12月，米尔肯策划了布恩·皮肯斯袭击海湾石油公司的标购事件。标购虽未获成功，却证明了米尔肯有在数天内筹集数十亿甚至上百亿美元的能力。

米尔肯是个十足的工作狂，对下属要求严苛，经常批评而从来没有表扬。米尔肯说："我们没必要谈论成功，只需要谈论失败。"

从1980年代后期起，就不断有人状告米尔肯违法经营。1989年3月，联邦大陪审团指控米尔肯犯有欺诈等98项罪行。事后证明，这些指控绝大多数不成立。1990年4月，米尔肯服罪，承认检察官提出的6项较轻罪名，包括掩盖股票真实持有人的3项罪名、由前述罪名导致的2项帮助委托人逃避所得税的罪名、最后一项罪名是共谋实施上述5项罪行。这些罪名均与内部交易、证券欺诈等重罪无关。米尔肯最终被判处10年监禁，赔偿和罚款11亿美元，并被终生禁入证券业，从而结束了他作为高收益债券大王的传奇经历。

1993年，米尔肯被提前释放，当时他罹患晚期前列腺癌。18年后，他依然活得很好。他自己建立前列腺癌基金会，用超常的效率为能出应用成果的研究提供资金，成果共享。于是缺乏研究资金的科学家们纷纷效力于他的门下,昔日的投资大王重写了医学研究的投资规则。

1996年,米尔肯等人投资5亿美元创立知识寰宇(Knowledge Universe)公司,然后开始收购和联合相关企业。现在,知识寰宇公司有下属企业13家,年产值15亿多美元。

第八节 收购艺术家——大卫·邦德曼

大卫·邦德曼

大卫·邦德曼(David Bonderman)是TPG的精神领袖。他毕业于哈佛法学院,其后在华盛顿特区的Arnold & Porter律师事务所任合伙人,1983年在Keystone公司担任行政总裁。他讲得流利的阿拉伯语,曾在开罗学习伊斯兰教法。

邦德曼步入投资界的起点是得克萨斯州巨富巴斯(Robert Bass)聘任他为家族投资总监。他曾经运作美国储蓄银行(America Savings Bank)的收购——这是1980年代美国面临绝境的最大的储蓄信贷机构之一。这一收购案与当时的RJR纳贝斯克食品烟草公司并购案,并称为美国20世纪80年代最著名的两大收购案,同时也成为美国整个银行体制改革的发端。在注入新管理层并改善运营之后，美国储蓄银行与华盛顿共同银行（Washington Mutual）合并，投资人也由此获得了高额利润。

邦德曼具有"剃刀般的锋利与幽默"，能快速吸收与掌握关键信息。例如在董事会的财务会议上，他经常会注意到某页上一个小小的脚注问题，而令人震惊的是这个问题通常又是财务人员最不希望被指出的。

TPG有别于同行的是他们往往盯住高风险、难以修复的棘手公司，他们更看好手续复杂、资金与时间庞杂的交易，而且最好不是大公司中的核心部门。作为收购专家，TPG拥有的绝不仅仅是资金。TPG对问题公司进行重新改造，或者将原来公司的一个小部分重塑为运转良好的独立公司之后再以高价转手卖掉，这种手法就是高额利润的来源。一旦收购了某个公司，TPG并不参与日常工作运行，而是引入自己组建的管理团队，作为股东身份由管理层面自上而下地对公司进行改造。

邦德曼"收购艺术家"的技巧与魄力，在美国大陆航空公司的复兴过程中展现得淋漓尽致。TPG成立后的第一个项目就是收购当时陷入破产困境的美国大陆航空公司。1993年之前，大陆航空曾两次进入破产保护期，10年之内更换了10位CEO，士气低落，服务、营运绩效等指标均列美国航空业界倒数第一。1993年，TPG注资6 000多万美元，获得这个价值65亿美元的巨型企业的控制权，植入新的管理团队。邦德曼请来波音公司企业改造高级主管戈登·贝休恩（Gordon Bethune）任CEO。贝休恩制订了"全力以赴"的改革计划，并以"为赢而飞"为突破口，从不被其他同行重视的动物运输和货物运输两大业务入手提升盈利，并于1995年推出了自助登机柜台，开创了美国航空界变革旅客登机手续传统模式之先河，1999年打造了"Web呼叫中心"。2004年，大陆航空成为全球第七大航空公司，并位列美国航空业"五虎"，现金准备超过10亿美元，股价上涨17倍。最终大陆航空公司为他们带来的利润回报大约达到了950%。随着大陆航空经营的起色，这宗收购从此奠定了大卫和TPG在投资界的地位。

第四章 著名企业与PE

第一节 PE与中国企业发展

一、无锡尚德

2001年1月,澳籍华人施正荣全资所有的PSS公司和江苏小天鹅集团等6家国企共同组建无锡尚德公司,其中PSS持有无锡尚德公司25%股权,后增至31.389%。

2005年1月,施正荣和百万电力公司共同在维京群岛设立尚德BVI公司,施正荣控股60%。百万电力公司股东同意为施正荣提供过桥贷款。

2005年5月,高盛、龙科等PE基金以8 000万美元认购尚德 BVI公司27.8%股权(A系列优先股),施正荣持有尚德 BVI公司46.8%股权(普通股),百万电力公司持有25.4%股权(普通股)。随后,经过一系列交易,尚德BVI公司完成对无锡尚德公司100%控股。

开曼群岛的法律环境最符合美国上市要求,因此开曼公司是最理想的上市主体。在上市主承销商瑞士信贷第一波士顿和摩根士丹利的安排下,2005年8月,由施正荣在开曼群岛注册尚德控股公司。之后,尚德

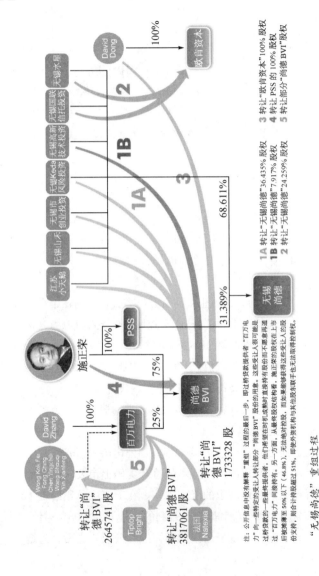

注：公开信息中没有解释"重组"过程的最后一步，即通过贷款提供者"百万电力"向一些特定的受让人转让部分"尚德BVI"股份的用意。这些受让人很可能是过桥贷款的一些最终提供者，他们希望在时机成熟时直接持有股份而不愿意再通过"百万电力"间接持有。另一方面，从最终股份构看，施正荣的股份在上市后股权稀释至50%以下（46.8%），无法绝对控股，而如果能够获得这些受让人的股份支持，则合计持股超过51%，即使资本机构与其他股东联手也无法取得控制权。

"无锡尚德"重组过程

尚德正式挂牌上市现场

控股公司与尚德BVI公司全体16位股东进行股权置换。股权互换后,尚德BVI公司原全体股东拥有尚德控股公司100%的股权,而尚德控股公司持有尚德BVI公司100%股份。尚德控股公司作为最终控股公司于2005年12月14日在美国纽约证券交易所上市。

尚德控股公司是中国境内第一家在美国纽约证券交易所成功上市的非国有企业。

二、李宁公司

1997年,李宁将北京、广东、烟台三家公司合并为李宁体育用品集团公司,全国各地的其他公司被相继整合到这个核心企业中,初步实现集团结构的明晰。同年8月,上海李宁成立,由李宁家族的两家公

"体操王子"李宁

司——上海宁晟和上海力发所控制。

2002年10月,李宁家族、李宁合伙人、主要高管、两家战略股东在海外注册成立Real Sports公司。10月29日,Real Sports与上海李宁股东达成协议,同意向上海李宁的股东收购上海李宁发行的全部股本,对价为600万美元。12月11日,上海李宁改组为外资独资企业。

2003年1月,李宁公司引入新加坡政府投资公司全资拥有的Tetrad Venture Pte Ltd.和CDH China Fund两家投资者。两家公司根据股权投资协议,分别以15 000 000美元及3 500 000美元认购Real Sports的新股份,分别持有公司19.9%和4.6%的股权。

2004年6月28日,李宁(右二)参加在香港联交所举行的股票上市仪式

在创投资本加入后,Real Sports公司财务表现优异。2004年6月,李宁公司在香港主板成功上市,公司股票受到资本市场的追捧,在香港出现132倍超额认购,

国际配售出现约11倍超额认购。

李宁公司上市之后,两家创投公司迅速减持股份至15.19%和3.5%。

三、百度

李彦宏和天使投资人Robert E. King夫妇

在百度庆祝登陆纳斯达克五周年仪式上,百度首位天使投资人——半岛资本的Robert E. King夫妇透露,10年前仅用了2个小时就决定向百度投资。

当年Robert夫妇时常跟留学生背景的中国人有所接触,正是在百度另一位创始人徐勇的介绍下,Robert才得以与李彦宏结识。当时李彦宏和徐勇已经决定回国创业,他们还给自己设定了100万美元的融资目标。Robert听了李彦宏2个小时的介绍,就下定了投资的决心。李彦宏的决断能力是最终打动Robert的关键因素。

Robert给百度的首批投资大约是20万美元,后来半岛资本又引入风投Integrity Partner,最终双方各自出资

百度登陆纳斯达克首日之李彦宏

60万美元,完成百度的120万美元天使投资。

在李彦宏带着投资回国创业之后不久,Robert还曾专程到北大资源宾馆探望过。当时百度只有7个人,10年过去,百度的员工总数已经超过9 000人。

另一个快速增长的是半岛资本的收益回报。据称当时投资百度的价格是每股0.2美元,拆股之前百度的股价曾高于700美元,之间是3 500多倍的距离。

百度登陆纳斯达克时,Robert曾让每个人写下首日股价预测,而面对开盘之后不断抬升的股价,李彦宏甚至流下眼泪。回忆这段时,李彦宏说自己当时根本看不到股价,之所以眼中有泪,是想起创业团队。

四、徐工集团

1989年,多家市属国有工程机械企业合并成立徐工集团,净资产(不包括对外担保)为0。

2002年,徐工机械成立,徐工集团持股51.32%,华融、信达、东方、长城等四家资产管理公司持股48.68%。2004年,徐工集团向花旗银行等举债7亿元,回购了四家资产管理公司持有的徐工机械全部股权。

2005年,徐工集团下属公司大多亏损严重,债务到期。要化解债务危机及实现发展目标,必须引进投资者。2005年10月,徐工集团、凯雷徐工、徐工机械三方签订协议,凯雷集团出资3.75亿美元(约合30亿元人民币)收购徐工机械85%的股权。

徐工集团的主要产品

2006年2月,国务院出台《国务院关于加快振兴装备制造业的若干意见》,意味着装备制造业率先成为限制外资收购的行业。2006年6月,徐工机械竞争对手——三一重工总裁向文波在博客中发表《战略产业发展的主导权是国家主权》的文章,直指凯雷收购徐工事件。随即引起轩然大波,舆论质疑该交易或存在国有资产"贱卖"。

2006年7月,商务部和国资委召集行业内骨干企业及徐工的上下游企业进行内部听证。2006年10月,交易双方修订协议,凯雷徐工、徐工集团将分别拥有徐

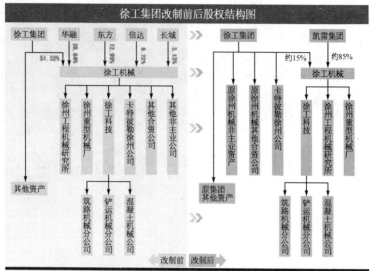

《财经》披露徐工集团改制方案

工机械50%的股权；2007年3月，凯雷进一步减少持股比例为45%。2008年7月，双方发布联合声明，终止合作，努力了近3年的合资计划宣告失败。

五、联想收购IBM的PC业务

联想集团是中国领先的IT企业，2004年，联想PC业务中国市场占有率为26.3%，亚太区域市场占有率为12.2%（排名第一）。

2005年3月，联想集团与TPG、GA（General Atlantic）和新桥资本达成协议，三大PE联合向联想集团提供3.5亿美元战略投资,以供联想收购IBM全球PC业务之用。其中,TPG投资2亿美元、GA投资1亿美元,新桥资本投资5千万美元。

联想集团收购IBM全球PC业务

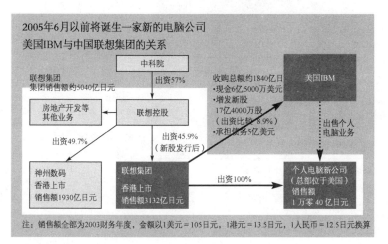

具体收购操作

根据投资协议,联想集团将向TPG、GA和新桥资本发行共2 730 000股非上市A类累积可换股优先股("优先股"),以及可认购237 417 474股联想股份的非上市认股权证。假设这些优先股全部转换,则

TPG、GA和新桥资本将共获得联想扩大后总发行股份的约10.2%。假设所有认股权证全面行使，三家PE将共拥有约12.4%的股权。

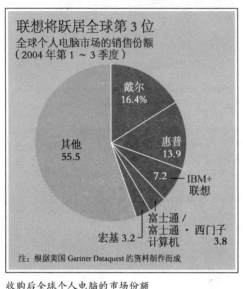

收购后全球个人电脑的市场份额

收购IBM的PC业务后，联想集团成为全球第三大电脑制造商（仅次于戴尔和惠普）。这标志着中国电脑业的国际竞争力得到了进一步加强。

对联想集团来说，能够通过股权融资获得收购资金，对于缓解收购压力是明智的选择。此外，借助TPG在美国的影响力，收购IBM也更容易通过美国政府的审批。

第二节 PE与国际著名企业的发展

一、香烟大王RJR

生产骆驼牌香烟的RJR与食品大王纳贝斯克

第一篇 股权投资基金

骆驼牌香烟制造商RJR纳贝斯克

（Nabisco）合并成立RJR纳贝斯克公司。1988年10月，公司董事长约翰逊在投资银行的支持下，欲以每股75美元的价格收购自己管理的公司，而当日公司股价是53美元。约翰逊的出价看似溢价，一些股东对此却并不满意。不久，华尔街收购之王KKR加入RJR纳贝斯克争夺战。经过6个星期的激战，最后KKR一方获胜，收购价是每股109美元，总金额为250亿美元。

1989年2月，收购交易签约。虽然收购价格是250

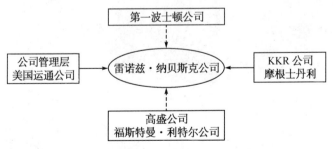

参与RJR纳斯贝克股权争夺战的四方面力量

亿美元，但整笔交易的费用却达到311亿美元，成为史上最大的收购交易之一。KKR本身仅提供了20亿美元，其余均为债务。

这桩交易由于收购价格过高、债务负担沉重，最终被证实是一场灾难，一度令KKR深陷困境。此后，两位《华尔街日报》的记者布莱恩·巴勒（Bryan Burrough）和约翰·海勒（John Helyar）合作出版的《门口的野蛮人：RJR纳贝斯克的陨落》就以此案例为蓝本。该书出版后引起了巨大的社会反响，荣登《纽约时报》前10名畅销书，以及《福布斯》评选的20本最具影响力的商业书籍榜列，甚至在后来被改编成同名电影。而KKR也因此被很多上市公司的管理层视为最令人敬畏的"门口的野蛮人"。

《门口的野蛮人：纳贝斯克的坠落（1990年）》即以KKR敌意收购RJR纳贝斯克的交易为背景

二、联邦快递

1971年6月,"隔夜快递业之父"弗雷德·史密斯(Fred Smith)创立联邦快递公司(FedEx)。公司成立之初,史密斯曾寻求为美联储提供"隔夜快递"服务,但被后者拒绝。新购进的两架飞机被闲置在机库里动弹不得,新生的联邦快递公司面临着首战失利的沉重打击。竞争对手和传播媒介都认为史密斯把继承的财产用于搞联邦快递公司的冒险简直是疯了。

联邦快递的广告

史密斯没有被铺天盖地的反对声吓退。他投资75 000美元深入进行市场调查,发现旧的货运传统正在改变,现在托运的东西多是小件包裹,但比以前更讲究时效。史密斯根据市场调查重新制定了营业计划。新计划需要大量的资金投入,用于购买一定数量的运输工具,如飞机和汽车,在全国建立服务网并开通多条航空线。史密斯将全部家产850万美元投入联邦快递，然后，他竭尽全力对华尔街的潜在投资者进行游说。很快，他筹集到了9 600万美元，创下了美国企业界有史以来单项投入资本的最高纪录。许多参与投资的创投资本家说：我们投资是看中了史密斯这个人，他一定能成为一个难得的创造神话的伟大企业家。

到1980年代末，联邦快递向全球90个国家和地区提供服务，拥有员工5.4万人，年营业收入超过35亿美元，净利润1.76亿美元，各项业绩指标都跃居全球航空货运公司的首位。

弗雷德·史密斯

联邦快递的飞机和汽车

三、赫兹租车公司

2005年9月，凯雷集团等以150亿美元联合收购福特旗下的汽车租赁公司——赫兹公司（Hertz Global Holdings Inc.）。赫兹公司是全球最大的汽车租赁公司，在150多个国家拥有7 400多个营业网点。2004年，赫兹公司销售额为67亿美元，净利润为3.66亿美元。

福特公司自2001年起开始全资拥有赫兹公司。福特这次出售赫兹公司的行动，是其复兴计划的一部分。福特的股票市值自1993年以来下降83%，已被评为垃圾股。财务报表显示，公司2005年度第二季度亏损高达9.07亿美元。

新CEO是福特家族传人威廉·福特（William Fort），他上任后就努力提高福特公司的盈利状况。为了筹措资金以填补北美汽车业务的失利，游离于公司主营业务之外的赫兹公司自然成为一个合适的出售品。赫兹的经营业绩不错，卖掉赫兹能极大地增强福特的现金流，帮助福特应对SUV车销量持续下降以及美国医疗保健成本不断上升的窘境。

让福特大跌眼镜的是，不到一年，赫兹在凯雷和美林的运作下就进入了发行新股的程序。2006年11月，公司成功上市，刷新了当年的单次筹资纪录，凯

雷因此获得10亿美元股息。对于赫兹的提前上市,业内人士无不揶揄地说,凯雷是"捡到了皮夹",而福特则因为"眼光短浅",丢了"快煮熟的鸭子"。凯雷在这次收购中的独具慧眼为其赢得了丰厚的利润。

四、飞思卡尔半导体公司

2006年9月,黑石集团联合凯雷集团、Permira和TPG,以176亿美元收购了飞思卡尔半导体(Freescale Semiconductor)。

飞思卡尔半导体(原摩托罗拉半导体部)是全球领先的半导体公司,为汽车、消费、工业、网络和无线市场设计并制造嵌入式半导体产品。飞思卡尔在2004年从摩托罗拉剥离出来,于2006年7月完成IPO。黑石联盟的收购行动使得飞思卡尔退市成为私人公司。

在这次收购中,黑石联盟的对手是KKR-Bain财团，主要由KKR、Bain Capital、Apax和银湖集团组成。就在这次交易达成前不久，KKR-Bain财团同飞利浦达成协议，将以34亿欧元（约合43亿美元）的价格收购后者的芯片部门。如果KKR-Bain财团在飞思卡尔竞购战中击败黑石财团，有可能会将其同飞利浦芯片部门合并，以削减成本。在这样

飞思卡尔公司总部和标志

的背景之下，KKR-Bain财团有可能会向飞思卡尔提交更高的报价。但由于KKR-Bain方的出价中包含有许多条件和限制，飞思卡尔最后选择了黑石联盟。

  看起来这桩交易并不合算。飞思卡尔在2006—2011年间已累计负债75亿美元。为筹集约10亿美元偿付债务，飞思卡尔于2011年5月在纽交所挂牌上市，发行价为每股18美元。考虑当初黑石联盟之前支付的平均购买价格（36美元），虽然这些PE在IPO中不会出售股份，但以首日发行价计算账面浮亏已近半。

第五章 PE的运作与反收购策略

第一节 PE的体系和分类

一、PE的定义

股权投资基金（Private Equity Fund, PE Fund）是指以非上市公司的股权为主要投资对象的基金。业内习惯上以PE来指代股权投资基金。

在某些情况下，PE也会投资于上市公司，但不是以持有流动性较高的股票为目的，而是以企业重组或行业整合为目的。

PE向被投资的企业提供资本金，是一种直接投资，其投资活动直接改变被投资企业的资产负债表、影响被投资企业的生产经营活动。PE提供的资本金支持被投资企业开发新产品与新技术、增加流动资金以及降低过高的负债率。

通常，PE通过IPO上市或出售的方式退出所投资的企业。

二、PE的类型

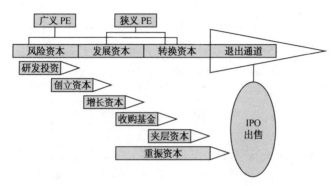

PE的主要类型

根据拟投资的企业所处的发展阶段的不同，PE分为如下几种类型。

（1）创投资本或风险资本（Venture Capital，VC）：投资于创意或研发阶段（天使投资）、原型阶段、产业化早期阶段的基金。例如，软银中国创业投资有限公司。

（2）增长基金（Growth Capital）：投资于产业化成功后的企业扩张阶段，通过采购设备、培训员工帮助企业迅速扩张。例如，英联投资、TPG等。

（3）收购基金（Buy-out Fund）：以控股方式投资处于稳定成长期或成熟阶段的企业。例如，KKR、乔丹公司（The Jordan Company）等。

（4）夹层资本（Mezzanine Capital）或过桥资

本（Bridge Capital）：通常以债权形式投资处于稳定成长期而上市之前的企业。例如，Midwest Mezzanine Funds。

（5）其他类型：例如，专注于为陷入财务危机的企业提供财务拯救的基金（Turnaround Fund，重振资本），如Sun Capital Partners。

第二节 PE的运作

一、发起成立基金

有限合伙企业是绝大多数PE基金采用的法律架构。PE的普通合伙人通常是基金管理机构。

通常，PE的发起人在其顾问的帮助下，通过路演（Road Show）[①]或其他方式向潜在的投资者展示其投资能力，包括过去投资的优异业绩记录，并传达其成立基金的意愿。同时，PE发起人向每个潜在的投资者送交募资的契约文件（如"有限合伙协议"），并向他们提供咨询与面谈的机会。当足够多的投资者与PE的发起人签署有限合伙协议之后，PE即告募集成功并进入运行阶段。

有限合伙人是PE的主要投资者，提供PE投资所需

---

① 路演是国际上广泛采用的证券发行推广方式，指证券发行商发行证券前针对机构投资者的推介活动，是在投融资双方充分交流条件下促进股票成功发行的重要宣传手段。

的大部分资金，PE只接收合格投资者的投资。在北美，PE的主要投资者包括养老基金、保险公司、大学的捐赠基金、政府的投资机构，以及富有的个人投资者。

二、投资流程

就具体案例来看，PE（以收购基金为例）投资流程大体分为三个阶段。

第一阶段——交易阶段：从获得项目信息到签署投资协议

PE团队在获得项目信息后，首先进行初期筛选。那些明显不符合投资标准的项目将被淘汰。对看起来有吸引力的项目，PE会开展市场调研与公司考察。如果目标公司的特征符合投资标准，则PE团队会精心准备一份投资备忘录并提交投资委员会（或类似决策机构）。如果投资委员会经过论证认为该项目有投资价值，则批准"尽职调查"（Due Diligence）[1]。

在目标公司管理层的配合下，独立第三方实施尽职调查，并出具调查报告。尽职调查报告提交投资委员会。如果投资委员会认为该项目仍有投资价值，则会批准PE项目团队开始合同谈判。

---

[1] 尽职调查是对企业的历史数据和文档、管理人员的背景、市场风险、管理风险、技术风险和资金风险进行全面深入的审核。

杠杆收购流程图

在律师、财税专家等的帮助下，PE设计交易结构，并与目标公司的企业主及管理层就关键问题进行沟通，就合同条款清单的细节内容与企业主谈判协商，直至达成一致。此后，PE团队在律师的帮助下准备与收购有关的各项法律文件，签署相关法律文件，并在律师的帮助下完成收购所需的各项行政审批。

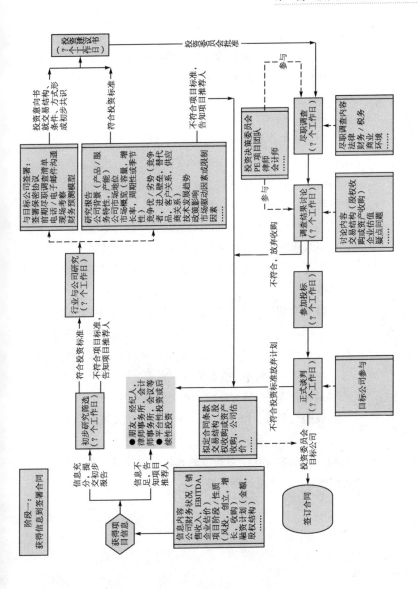

第二阶段——过渡阶段：从签约到交易结束

在过渡阶段（从签约到交割的期间），PE派驻代表进驻目标公司，监督目标公司日常运作，监督目标公司业主与管理层是否进行了重大资产处置或购置、对外担保、抵押等活动。

如果是资产收购，则在律师的帮助下，PE与新公司的其他股东商讨起草新公司章程等文件，指定新公司的董事会成员及法人代表的人选，完成投资东道国内的新公司的设立等相关法律事宜。

如果是股权收购，则PE与目标公司的其他股东修订公司章程等文件，指定新一届董事会成员及法人代表的人选，完成投资东道国内的公司变更登记等相关法律事宜。

PE项目团队组织、实施补充尽职调查，即在此前全面尽职调查的基础上，主要对过渡期内的企业财务状况进行调查，确认目标公司的资产负债状况未发生实质性变动。最后支付收购价款，完成交割。

第三阶段——持有阶段：从交易结束到退出

收购结束后，PE获得了企业的控股权及董事会中的主要席位。此后，PE将致力于通过多种手段提升被收购企业的核心竞争力和市场地位，以及考虑在适当的时候退出以实现投资回报。

三、资产组合管理

PE管理公司的内部管理与普通公司的内部管理没有什么不同，PE的投资组合管理与大型集团的资产组合管理也没有什么不同。持有哪些公司、持有多长时间、在什么时候以什么方式退出或剥离，取决于PE的投资策略与对趋势的判断。

四、基金到期解散

通常，每一个PE基金在发起时都设定了存续期（10年左右），因此每一个PE基金都有一个协议的到期日。在到期日之前，PE会选择有利的时机退出全部的投资项目。这也是为什么PE在投资之前需要考虑退出，以及PE通常不会接受那些对未来资产交易或股权交易进行限制的项目。在将PE投资全部变现后，PE的所有投资人将按照各自的出资份额分配基金资金。

第三节 著名PE基金与其传奇经历

一、PE开拓者——美国研究与发展公司

1946年成立的美国研究与发展公司（ARDC）是现代PE的鼻祖。在美国研究与发展公司史上最重要的一

笔投资是1957年对数字设备公司（DEC）的7万美元投资。这笔投资大获成功，不仅永远改变了创投资本行业的未来，在某种意义上，也永远改变了人类生活。

美国研究与发展公司对DEC投资

1996年DEC公司在《中国计算机报》上的广告

1957年，麻省理工学院两位年轻的工程师——肯尼斯·奥尔森和哈兰·安德森创办了数字设备公司（DEC）。奥尔森想要制造出体型小巧、价格低廉且易于使用的计算机，向IBM公司生产的玻璃外壳的大型机发起挑战；而当时IBM公司在计算机市场上居于领先地位，且是该行业内唯一盈利的企业。奥尔森等人还有许多改进计算机性能的独特想法，但苦于无钱投资将这些想法变为现实。美国研究与发展公司的进入改变了这种状况。美国研究与发展公司最初投入7万美元拥有DEC公司77%的股份（DEC的创始股共1 000股，其中美国研究与发展公司拥有700股），并提供200万美元贷款。

美国研究与发展公司总裁多里奥曾说过,"一个有想象力的人只是有想法而已;而一个有行动力的人能够把想法变成现实,我要寻找的就是这种有行动力的人"。奥尔森就是多里奥要找的那种人。而在多里奥身上,奥尔森看到的是一位耐心的父亲总是不断给他鼓励或讲授人生智慧;而在奥尔森身上,多里奥看到了工程师兼企业家的拼搏精神。到1968年DEC上市时,美国研究与发展公司所控股的DEC股份价值达到3.55亿美元。

《DEC已死,DEC永生》
(2003年6月)

数字设备公司案例让美国研究与发展公司获益颇丰,也让多里奥声名鹊起,其创投生涯正式开启。

1971年创始人乔治·多里奥退休。在1972年美国研究与发展公司与德事隆集团合并,此前美国研究与发展公司已经投资了超过150家企业。

二、硅谷风头最劲的创投资本——红杉资本

门罗公园的沙丘路绵延数里,因密布着掌管2 600亿美元的上百家创投资本而被称作"美国西海岸的华尔街"。在这条路上,红杉资本(Sequoia Capital)是一个真正的传奇。

红杉资本创始于1972年,是全球最大的VC之一,

现有18只基金,管理着超过40亿美元的资本金。在大型机时代,它发掘了PC先锋苹果电脑;当PC大发展时,它培养起网络设备公司3Com、思科;当电脑被广泛连接、互联网时代来临时,它又投资于雅虎和Google……

红杉资本的标志

因其秘而不宣自己的投资业绩,外界便常引用这样一种说法:红杉投资超过500家公司,其中130多家成功上市,另有100多个项目借助兼并收购成功退出。其投资后上市的公司总市值超过纳斯达克市场总价值的10%。

以8年为周期,红杉于1992年设立的6号基金的年内部回报率为110%,1995年设立的7号基金的内部回报率为174.5%,即使因设立较晚而未完全收回回报的8号基金,在1998年到2003年初之间的内部回报率也达到了96%。

红杉的传奇还在继续:2004年Google上市后,红杉将其1 250万美元变为超过50亿美元的回报。而它在YouTube上的1 150万美元投资也随着Google的收购,变成了4.95亿美元。

红杉资本的明星项目的投资者有很多，如投资于苹果、甲骨文和思科的唐·瓦伦坦（Don Valentine），发现雅虎、Paypal和Google的迈克尔·莫瑞茨（Michael Moritz），他俩与早年投资于英特尔的亚瑟·洛克和KPCB的约翰·杜尔并称为VC行业的"四大天王"。

2005年，红杉资本与德丰杰全球基金原董事张帆和携程网原总裁兼CFO沈南鹏一起创立了红杉资本中国基金（Sequoia Capital China）。红杉资本在中国的投资案例包括：中国最大最早的社交网站51.com（2005）、湖南宏梦数码（2006）、中国第一家专业网页游戏平台51wan（2008）。

2005年8月，红杉资本（中国）与巨人网络集团、海纳亚洲创投、英特尔资本（IntelCapital）、红点创投

卡通玩具成了宏梦卡通董事长王宏与红杉资本沈南鹏之间合作的媒介

网络游戏《武林传奇》

红杉资本投资于51.com网站

（Redpoint Ventures）联合投资51.com。

2009年，51wan以总价1 010万元人民币签下《武林传奇2》全球独家代理权，创下网页游戏代理金第一天价。

三、PE巨擘——TPG

美国得克萨斯州太平洋投资集团（TPG）是美国最大的股权投资基金管理公司之一，由大卫·波德曼（David Bonderman）、吉姆·科尔特（Jim Coulter）和William Price III于1992年创立。TPG为公司转型、管理层收购和资本重组提供资金支持，投资的行业包括媒体与电讯、工业股票、科技，以及医疗护理等。新桥投资是TPG的子公司，1994年由TPG和布兰投资公司发起设立。

TPG的经典投资案例包括：大陆航空公司（1993）、汉堡王（2002，与贝恩资本、高盛资本联合投资）、越南移动通信服务商FPT公司（2005）、米高梅公司（2005）、新力公司（2005）、高端零售商妮梦·玛珂丝（Neiman Marcus Group, 2005）、百利鞋业（2005）、宠物食品公司J. Crew（2005）、西

TPG公司主页及标志

班牙语媒体Univision（2006）、哈拉斯娱乐公司（2006）、达芙妮（2009）。

TPG在中国的投资案例包括：深圳发展银行（TPG子公司美国新桥投资，2004）、联想集团（2005）、云南红酒业（TPG Growth）。

汉堡王比其最大的竞争对手麦当劳进入中国市场晚了近20年

在2011年5月国际股权投资基金（Private Equity International, PEI）公布的全球融资规模最大的PE中，TPG管理的承诺权益资金为506亿美元（其中，收购基金152亿美元），位列第一。TPG在沃斯堡、旧金山、香港、莫斯科、上海、伦敦、纽约、东京、巴黎、华盛顿均设有分部。

2009年6月《财经》封面文章：平安-深发展-TPG震撼交易

TPG创始合伙人Jim Coulter（中）经常飞临中国，右一为TPG中国区联席主管王㸚

四、杠杆收购天王——KKR

KKR（Kohlberg Kravis Roberts）是全球历史最悠久也是经验最丰富的PE之一，成立于1976年，创始人是杰罗姆·柯尔伯格（Jerome Kohlberg）、亨利·克拉维斯（Henry Kravis）和克拉维斯的表弟乔治·罗伯茨（George Roberts）。KKR是老牌正宗的杠杆收购天王，是金融史上最成功的PE投资机构之一。

KKR在1977年完成了它的首笔收购，对象则是制造企业A.J.工业（A.J. Industries）。KKR的巅峰之作，是在1988—1989年以311亿美元，杠杆收购烟草和食品商RJR纳贝斯克（RJR Nabisco），这是世界金融史上最大的收购案例之一。该收购完成后，KKR的资产池有近590亿美元的资产组合，而同期只有4家美国公司——通用汽车、福特、艾可森和IBM公司比它大。

杠杆收购的最大阻力往往来源于目标企业的管理层和股东，对此，克拉维斯兄弟表现得极为慷慨。在收购劲霸电池的过程中，该企业35位经理共投入630万美元购买股份，而KKR给每一股分配5份股票期权，这让他们拥有公司9.85%的股权，从而大大出乎管理层的意料。最终KKR击败所有竞购对手将劲霸揽入怀抱。而在劲霸成功IPO的5年之后，KKR将劲霸卖给了吉列公司，从中获得了高达72亿美元的收益，而且在交易结束时，KKR仍拥有劲霸34%的股权。

KKR的经典投资案例还包括：西芙韦（Safeway）、金霸王（Duracell）、碧翠丝（Beatrice）、接插件制造商安费诺公司（1997）、美国折扣零售商达乐公司（Dollar General Corp.,2007）、信用卡和电子支付服务商第一数据（FDC,2007）、得州公用事业公司（TXU,2007）。

KKR于1998年收购的富豪院线于2000年破产

加拿大Shoppers Drug Mart药房是KKR在2000年代早期成功的收购案例之一

KKR是德国、法国、英国等欧洲最大的三个市场上的主要PE投资机构之一。克拉维斯曾亲自挂帅出征欧洲，斥资188亿美元收购了英国最大的药品零售公司Alliance Boots，为此刷新了欧洲历史上交易额最大的收购纪录。

2006年，KKR高调宣布进入中国，同时聘请前汇丰控股主席庞约翰、联想控股有限公司总裁柳传志，以及前中国网通CEO田溯宁为公司资深顾问。KKR在中国的投资案例包括：河南天瑞水泥（2007）、马鞍山现代牧业（2009）、远东国际租赁（2009）。

在过去的30余年中，KKR累计完成了146项私募投资，交易总额超过了2 790亿美元。早期，KKR的资本募集主要局限于一小部分投资者，包括希尔曼（Hillman）家族和第一芝加哥银行。1981年后，俄勒冈州政府成为KKR基金中活跃的投资者。现在，从公共养老金到金融机构，从保险公司到大学基金，无数财大气粗的投资者都密集地簇拥在KKR的周围，其全球资金管理高达400亿美元。

五、总统俱乐部——凯雷集团

美国凯雷集团（Carlyle Group）成立于1987年。最早的发起人史蒂芬·诺里斯（Stephen Norris）性格独断机智，深知自己需要不屈不挠、极度聪明并有良好政界网络的人帮助，因此笼络了大批美国高官和世界各国退休政界名流，如前总统卡特的助理大卫·鲁宾斯坦、前国防部长弗兰克·卡路西，以及美国前国务卿、白宫预算主任Frank Carlucci。美国前总统乔治·布什任凯雷亚洲顾问委员会主席，英国前首相约翰·梅杰任凯雷欧洲分公司主席，菲律宾前总统拉莫斯、美国前证券交易委员会主席阿瑟·列维特担任其顾问，而美国著名投资人乔治·索罗斯是凯雷的有限合伙人，连沙特阿拉伯拉登家族也是该集团的投资人。因此美国业界戏称凯雷集团为"总统俱乐部"。凯雷集团的办公大楼就在华盛顿特区宾夕法尼亚大街，刚好处在白宫和国会大厦的中间地带，竟然与美国联邦调查局和许多美国的部级总部为邻，实力可见一斑。

凯雷集团目前拥有28只不同类型的基金，管理着超过248亿美元的资产。自创立以来，集团已经投资130亿美元，主要在亚洲、欧洲和北美用于公司收购、房产及创业投资等，给投资者的年均回报率高达35%。旗下三家亚洲基金拥有超过10亿美元的资金，投资于泛亚地区。

凯雷集团还利用前政府高官的人脉参与军工企业投资，后者为美国军队制造设备、车辆和军火。比如1990年凯雷旗下企业就从美国陆军那里赢得了200亿美元的军火合同，从而带动了凯雷集团的飞速发展。

凯雷集团一直积极关注中国资本市场，并从香港开始进入内地，试探着进行了一些小的投资。其中最成功的案例是凯雷下属的创业投资基金参与携程的私募，并在携程上市后成功套现，当年的800万美元投资收益在10倍以上。此后凯雷在中国投资了上海目标媒体公司、上海华亚微电子公司、上海太平洋百货连锁等，但是这些项目并没有引起太大的反响，而凯雷也继续着低调的风格。

2005年凯雷在中国突然发力，一出手就是大手笔。2005年10月，凯雷集团击退卡特比勒、美国国际

迪欧餐饮门店

投资集团、摩根大通等国际知名机构和企业,同意以30亿元的价格收购徐州工程集团85%的股权。2005年12月,凯雷集团与中国太平洋保险集团签约,33亿元收购太保人寿股份24.975%的股权。前后不到两个月时间,凯雷在中国出手两次,合计投资63亿元,约合7.85亿美金,而凯雷在亚太地区三个基金的总资金不过10.5亿美金左右。

但正是凯雷集团对徐工集团的收购而引发"向文波博客事件",以及后来的外资收购与产业安全的大讨论,

凯雷投资雅士利

这才揭开了凯雷集团神秘的面纱,使凯雷走向前台。凯雷收购徐工案最终没有获得监管部门批准。

2007年12月,凯雷集团旗下的凯雷亚洲增长基金向迪欧餐饮集团投资2 100万美元。

王岐山会见凯雷创始人(新华社记者丁林摄)

2009年9月,凯雷投资集团与中国上海复星高科技(集团)向中国最大的婴幼儿奶粉企业之一的广东雅士利集团注资,分别占有雅士利17.3%和6%股份,成为战略股东。

2011年5月16日,中国国务院副总理王岐山在北京中南海会见美国凯雷投资集团联合创始人兼董事总经理大卫·鲁宾斯坦。

六、第一个吃中国"螃蟹"的PE——华平集团

美国华平投资集团(Warburg Pincus)成立于1971年,投资于各个发展阶段的公司。从为新公司启动注资,到为公司结构重组、资本结构调整注资、收购

华平公司的标志

公司，华平都有参与。

华平集团对技术公司的经典投资案例包括：中间软件公司BEA Systems、维尔软件公司（Veritas Software）、Zilog公司、大唐电信、Level One Communications和RMI。

华平投资集团于1994年在香港成立办事处，涉足亚洲投资，是最早进入亚洲的PE公司，也是最早进入中国的PE。在中国，它先后涉足医药业、房地产业、零售业、酒店业，以及IT业等众多行业的数十家企业。它尤其看好中国房地产业，阳光100、广州富力、浙江绿城、北京融科等国内一流房地产企业都成为它的合作对象，其累计地产投资已超过10亿美元。此外，还先后投资了亚信、港湾等中国IT企业。

华平集团在中国的投资案例包括：电信设备商大唐电信（2004）、哈药集团（2004）、国美电器（2006）、北京阳光100置业集团的成都阳光100国际

哈药集团门店

第一篇　股权投资基金

华平集团投资红星美凯龙新闻发布会现场

新城项目（2006）、七天假日酒店（2006）、汇源果汁、上海中凯房地产开发管理有限公司（2007）、浙江绿城中国（2007）、红星美凯龙连锁集团（2007）。

华平集团投资于零售、信息产业及电信科技、金融服务、医疗卫生、工业、媒体及商业服务、能源、房地产等领域。华平集团旗下管理的11项PE基金投资遍布30个国家和地区，有超过500家公司，总值约220亿美元。

七、从默默无闻到华尔街PE之王——黑石集团

美国黑石集团（Blackstone）创建于1985年，由前雷曼兄弟公司高层皮特·彼特森（Pete Peterson）和其门生斯蒂芬·施瓦茨曼（Stephen Schwarzman）创立。

彼得·彼得森

斯蒂芬·施瓦茨曼

公司名称"黑石"源于祖籍德国的彼得森和施瓦茨曼的姓氏分别嵌着德文中"黑色"和希腊文中"石头"的词义。

黑石集团以4位员工、40万美元起家。由于黑石在当时的华尔街尚属无名之辈,在募资过程中吃了不少闭门羹。施瓦茨曼回忆说,"被我们视为最可能点头的19家客户,一个个拒绝我们。总共有488个潜在投资人拒绝我们。"后来,美国保险和证券巨头保德信公司(Prudential)尝试性出资1亿美元。晕轮效应出现了。黑石的第一个基金争取到了包括日兴证券、大都会人寿保险、GE和通用汽车退休基金在内的32位投资者,总共募集了8.5亿美元。

在恶意收购非常普遍的1980年代,黑石确立了一个非同寻常的规则:友好收购,这个规则一直保持到现在。

黑石集团的第一笔交易是USX,这是一家因为罢工而受到重创的钢铁和能源集团。这家公司急需增加现金流,同意将其物流业务51%的股份卖给黑石,收购

上海市委书记俞正声会见美国黑石集团董事长施瓦茨曼一行

价格是2 500万美元。后来，黑石出售这个部门的时候赚了近6亿美元。

黑石集团的经典投资案例还包括：醋酸生产商Acetex公司（2004）、全球顶级酒店管理集团Wyndham International（2005）、胜腾（Cendant Corporation）旅游分销服务子公司Travelport（2006）、芯片公司飞思卡尔（2006）、北美最大写字楼物业持有者REIT-EOP（2006）、北美最大商业物业集团权益写字楼投资信托公司（EOP, 2007）、希尔顿酒店集团（2007）、兰德马克通信公司（Landmark Communications）旗下气象频道（Weather Channel, 2008）。

2005年，黑石集团聘请中国香港特区政府财政司前司长梁锦松为中国区主席，负责开拓亚洲市场。黑石集团在中国的投资案例包括：蓝星集团（2007）、

关于黑石的新闻报道

寿光物流园等。

黑石集团是全球最为活跃的PE之一,并以高投资回报率著称,其PE的年投资回报率为22.8%(自1987年起),房地产业务的年投资回报率为29.2%(自1991年起)。2006年,黑石集团盈利超过22亿美元,人均创造利润295万美元,是高盛人均利润的8倍,也因此被称为"华尔街赚钱大王"。

2006年黑石集团管理的资产达787亿美元,其中311亿资产属于PE,177亿投资于房地产市场,299亿投资于共同基金、对冲基金、债券,以及其他金融产品。2007年9月,其管理的总资产约为982亿美元,拥有65位高级管理总监,以及约520位投资和咨询专业人员。黑石集团总部位于美国纽约,并在亚特兰大、波士顿、芝加哥、达拉斯、洛杉矶、旧金山、伦敦、巴黎、孟买、香港和东京设有办事处。

黑石集团在中国首笔Pre-IPO投资山东寿光农产品物流园有限公司1.9亿美元

2007年5月,筹备中的中国投资有限责任公司("中投")斥资30亿美元,购入黑石集团约10%的股份(无投票权有限合伙单位)。次月,黑石集团股票在纽约证券交易所上市交易。这是第一个PE管理机构在纽交所上市案例。

八、美国总统候选人执掌的PE——贝恩资本

1984年,贝恩咨询公司的创始人威廉·贝恩(William Bain)出资3 700万美元筹建了合伙制企业贝恩资本(Bain Capital),其原合伙人米特·罗姆尼(Mitt Romney)出任总裁。罗姆尼毕业于哈佛大学商学院和法学院,1978年进入贝恩咨询公司,很快就成为公司7名高级咨询师中最年轻的一人。可以说,罗姆

1990年，罗姆尼（左）和威廉的合影

尼是威廉·贝恩一手培养起来的。

罗姆尼擅长运用杠杆收购方式，并坚持让贝恩资本拥有投资对象的绝对控股权。他曾说："杠杆收购必须要精准，因此我不会去投资新成立的企业，那些企业的成功往往依赖一些我不能控制的事情。成熟的企业更符合贝恩资本的胃口。"

贝恩资本早期投资的经典案例是对全球最大办公用品零售公司史泰博（Staples, Inc.）的投资。在贝恩资本的帮助下，史泰博公司从1986年的一家零售店扩展为2006年遍布全球的1 700家零售店，年销售额达到150亿美元。

贝恩资本的经典投资案例还包括：美国连锁快餐巨头"汉堡王"（Burger King, 2002）、华纳唱片（Warner Music Group, 2003）、加拿大连锁企业"一元店"（Dollarama, 2004）、皇家飞利浦电子公司（Royal Philips Electronics）半导体事业部（2006）、全球建材巨头家得宝（Home Depot）旗下供应公司（2007）、全球最大的乐器零售商吉它中心（Guitar Center, 2007）、清频通信公司（Clear Channel Communications, 2008）、国美电器（2009）、美国陶氏化学公司（The Dow Chemical Company）旗下Styron公司（2010）、儿童服装零售商金宝贝（Gymboree, 2010）……在过去的20多年中，贝恩资本共投资了300余家企业，其中近1/3是与零售和消费品有关的企业。

有意思的是，贝恩咨询和贝恩资本的总部在波士顿的同一栋大楼内，它们的员工每天都在同一个餐厅里吃自助餐。由于拥有咨询公司的背景，贝恩资本还一直积极参与投资对象的决策。

1999年，罗姆尼弃商从政，此后贝恩资本总裁一职始终空缺。罗姆尼曾任盐湖城冬奥会主席和马萨诸塞州州长。2008年，他因参选美国总统、"与奥巴马为敌"而名噪一时。如今，在共和党内有着良好口碑的罗姆尼，被视为2012年美国总统选举的热门人选之一。

贝恩资本在亚洲共有13个投资项目，其中在中国就有6个。2005年贝恩资本曾与黑石集团联手，为海尔集团融资10亿美元，竞购美国老牌家电企业美泰克。此后，它在中国投资了以家居、建材等销售为主的金盛集团和民营传媒广告公司中视金桥。2007年携手华为公司收购美国网络公司3Com，但收购没有成功。

2009年贝恩资本投资国美电器后引起了中国民众的注意。随后，国美电器"内战"爆发，据说导火索是由于黄光裕担心自己的地位被贝恩资本和时任CEO

的陈晓夺走。

目前,贝恩资本管理的资金超过650亿美元,涉及PE、对冲基金和杠杆债务资产管理,是全球最大的PE之一。贝恩资本总部设于美国马萨诸塞州波士顿,并在香港、上海、东京、纽约、伦敦和慕尼黑设有办公室。

第四节 基金之最

一、最早的基金

(1)1946年由乔治·多里奥等人创立的美国研究与发展公司(ARDC)是最早的VC(同时也是最早的PE)。

(2)1976年成立的KKR是最早专注于现代杠杆收购的大型基金之一。

(3)1982年成立的美国创投资本基金(VCFA)是第一家定位于投资PE二级市场的基金。

(4)2004年5月,阿波罗投资公司在纳斯达克(NASDAQ: AINV)上市交易,阿波罗管理公司是最早将其投资子公司股份上市交易的基金。

(5)2006年5月,KPE公司在阿姆斯特丹泛欧交易所IPO上市。KKR是最早将其投资工具股份上市交易的基金。

(6)2007年6月,黑石集团在纽约证券交易所IPO上市,是最早将管理公司股份上市交易的基金。

二、收购基金规模之最

北美规模最大的收购基金（2010）

排名	PE名称	成立时间	最近规模（收购基金部分）
1	黑石集团（The Blackstone Group）	1985年	230亿美元
2	KKR（Kohlberg Kravis Roberts & Co.）	1976年	216亿美元
3	凯雷集团（The Carlyle Group）	1987年	183亿美元
4	得州太平洋集团（TPG）	1992年	152亿美元
5	贝恩资本（Bain Capital）	1984年	130亿美元
6	PEP（Providence Equity Partners）	1990年	110亿美元
7	阿波罗顾问公司（Apollo Advisors）	1990年	101亿美元
8	华平投资集团（Warburg Pincus）	1996年	92亿美元
9	Cerberus	1992年	80亿美元
10	Thomas H.Lee Partners	1974年	70亿美元

资料来源：http://money.cnn.com/galleries/2007/fortune/0702/gallery.powerlist.fortune/index.html

全球最大的PE（2010）

排名	PE名称	过去5年筹资总额（所有基金）
1	得州太平洋投资有限公司（TPG Capital）	506亿美元
2	Principal Investment Area（高盛集团旗下）	472亿美元
3	凯雷集团（The Carlyle Group）	405亿美元
4	KKR（Kohlberg Kravis Roberts & Co.）	402亿美元
5	黑石集团（The Blackstone Group）	364亿美元

资料来源：2011年5月《国际股权投资基金》（Private Equity International, PEI）公布

三、基金收购交易之最

北美史上最大的10宗杠杆收购交易

收购目标	所在行业	收购者	交易规模	交易时间
TXU	公共事业、电力	KKR，TPG，高盛集团	438亿美元	2007年2月
股权写字楼物业公司	商业地产	黑石集团	389亿美元	2006年11月
美国医院管理公司	医院	贝恩资本，KKR，Merrill Lynch	327亿美元	2006年7月
RJR纳贝斯克公司	烟草、食品	KKR	311亿美元	1988年10月
哈乐斯娱乐公司	游戏	Apollo Advisors，TPG	274亿美元	2006年10月
清频通信公司	广播运营商	贝恩资本，托马斯·H·李合伙人	257亿美元	2006年11月
金德·摩根公司	管道运营商	高盛集团，A.I.G.，凯恩集团，Riverstone Holdings	216亿美元	2006年5月
飞思卡尔半导体	半导体	黑石集团，凯雷集团，TPG，Permira	176亿美元	2006年9月
艾博森公司	零售、医药连锁	SuperValu，CVS，Cerberus Capital，Kimco Realty	174亿美元	2006年1月
赫兹公司	汽车租赁	凯雷集团，Clayton Dubilier & Rice，Merrill Lynch	150亿美元	2005年9月

第五节　常见的反收购策略术语

一、金降落伞

金色降落伞（Golden Parachute）指的是雇用合同中按照公司控制权变动条款，对失去工作中的管理人员进行补偿的分离规定。一般来说，员工被迫离职时（不是由于自身的工作原因）可得到一大笔离职金。它能够促使管理层接受可以为股东带来利益的公司控制权变动，从而减少管理层与股东之间因此产生的利益冲突，以及管理层为抵制这种变动造成的交易成本。"金"意味着补偿是丰厚的，"降落伞"则意味着高管可以在收购的变动中平稳过渡。由于这种策略势必加重收购者财务负担，因此可以被看作是反收购的利器之一。

二、毒丸计划

毒丸计划（Poison Pills）是指遭受敌意收购的目标公司通过发行证券以降低公司价值从而降低公司对收购者的吸引力。毒丸计划是美国著名的收购律师马丁·利普顿（Martin Lipton）在1982年发明的，最初的形式很简单，就是目标公司向普通股股东发行优先股，一旦公司被收购，股东持有的优先股就可以转换

雅虎"毒丸计划"对付微软的报道

为一定数额的收购方股票。

三、绿票讹诈

绿票讹诈（Green Mail）是指目标公司溢价收购公司股票以防敌意收购。

四、中止协议

中止协议（Standstill Agreement）是指目标公司与潜在收购者达成协议，收购者在一段时间内不再增持目标公司的股票，如需出售这些股票目标公司有优先购买的选择。

五、白衣骑士

白衣骑士（White Knight）是目标公司为了避免被敌意收购而自己寻找的收购者。企业可以通过白衣骑士策略，引进收购竞争者，使收购成本增加。另外，还可以通过锁住选择权条款，给予白衣骑士优惠购买本企业的特权。得到管理层支持和鼓励的白衣骑士的收购成功可能性极大，当白衣骑士和攻击方属同一行业时，白衣骑士处于对自身利益的担忧，比如害怕攻击方收购成功、壮大力量，成为强有力的竞争对手，往往也乐于参与竞价，发起溢价收购。但此时介入往往意味着出高价，需要花费较大的成本。

英国《每日邮报》：一只雄王企鹅上演英雄救美，阻止另一只雄王企鹅骚扰躲在它身后的雌企鹅

六、白衣护卫

白衣护卫（White Squire）是一种与白衣骑士很类

似的反收购措施。这里,不是将公司的控股权出售给友好的公司,而是将公司的很大比例的股票转让给友好公司。

七、资本结构变化

资本结构变化(Capital Structure Change)是指通过调整目标公司的资本结构以增强公司抗收购的能力。资本结构变动的主要形式有四种,即资本结构调整、增加债务、增发股票和回购股票。

八、反噬防御

反噬防御(Pac-man Defense)是根据美国一个流行的游戏命名的,游戏中的人物在吃自己之前都会尽力吃了其他人。在反收购中,是指目标公司以收购袭击者的方式来回应其对自己的收购企图。由于它的极端性,这种方式通常被认为是"世界末日方式"。

第二篇 共同基金

第六章 证券投资基金

第一节 证券投资基金的含义

证券投资基金是基金管理人通过公开发行,向投资者募集资金,在资本市场上从事股票、债券等有价证券的投资,根据基金投资者的份额比例对投资收益进行分配并承担投资风险的一种集合性证券投资工具。

作为一种投资理财工具,证券投资基金的参与主体的权利与义务如下图所示:

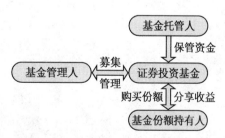

证券投资基金参与主体

一、为什么要投资证券投资基金

证券投资基金具有专家理财集合投资的优势，同时基金管理公司作为基金管理者拥有完善的投研团队，对获得的投资信息进行及时、有效地处理和分析，这使其成为普通投资者参与中国资本市场的有力工具，它可以保证普通投资者在有效控制风险的条件下，获得较高的投资收益，抵御通货膨胀对投资收益所产生的影响。

二、如何选择证券投资基金

随着证券投资基金的发展、壮大，证券投资基金已经越来越融入人们的生活，而面对种类繁多的证券投资基金，如何选择合适的证券投资基金品种就成为人们所关心的热门话题。一般来说，可以从以下几个方面去考虑：

第一，净值能否持续增长。无论是一般的开放式基金，还是创新型基金；无论是主动型基金，还是被动型基金，可以说净值的持续增长才是提高投资者收益的基本动力。因此，将基金未来的净值增长幅度作为基金未来是否具有真正投资价值的标尺是非常必要的。

第二，基金品种是否与自身投资偏好匹配。可以说，净值增长较快的基金，往往伴随着投资风险的放大。但投资者是不是能够适应这种风险，还需要投资者进行相应的风险测试和评估，而不能盲目选择。

第三，基金品种是否与自己的投资目标契合。对于投资者来讲，制定不同的短、中、长期投资目标是非常重要的。制定短期目标的投资者，就不能在股票型基金上选择过多的资产配置。有中长期目标的投资者，可以选择指数型基金或者股票型基金，来分享经济增长带来的资本增值的机会。

第四，付出的投资成本和费用是不是最优。以较小的资金购买到较多的基金份额，是投资者降低购买基金成本的有效措施。具有良好成长性、基本面优良、服务周到的基金管理人旗下的基金产品，往往也会给予较高的费率定价。这也是需要投资者加以注意的。而完全以成本高低和费率优惠与否作为选择基金的标准是不足取的。

第五，基金管理人的资质和运作实力是否能够有效支撑基金净值的高成长。也就是说，投资者选择基金时，需要选择优秀基金管理公司旗下的优质基金。因为这类基金的基金管理人都具有一定的运作经验，特别是具有一定的市场品牌信誉和认可度。

第六，基金在家庭资产中的配置是否合理有效。这也是投资者实现预期投资目标的基本措施。按照不将鸡蛋放在一个篮子里的投资理念，投资者也不宜将家庭资产全部用于购买基金产品，特别是集中购买高风险的股票型基金。

三、监督基金管理人

1. 监管机构

基金的监督机构主要有中国证监会、中国证券业协会和证券交易所。

2010年11月，国务院五部委联手做出部署和安排。国务院办公厅日前转发中证监、公安部、监察部、国资委、预防腐败局《关于依法打击和防控资本市场内幕交易意见》的通知，加大了对市场的监督力度，基金经理老鼠仓成为内幕交易打击中关注的焦点。

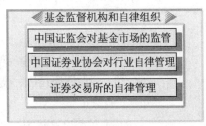

2. 被处罚的典型案例

（1）上投摩根原基金经理唐建。

处罚：没收唐建违法所得152.72万元，并处50万元罚款，七年市场禁入。

唐建自担任基金经理助理起便以其父亲和第三人账户，先于基金建仓前便买入新疆众和的股票，其父的账户买入近6万股，获利近29万元，另一账户买入20多万股，获利120多万元，总共获利逾150万元。2007

年5月16日,上投发布公告,正式免去唐建担任的成长先锋基金经理及其他一切职务并予以辞退。

(2)南方基金原基金经理王黎敏。

处罚:没收王黎敏违法所得150.94万元,并处50万元罚款,终身市场禁入。

王黎敏通过网上交易方式,直接操作其父王法林在华泰证券常州和平南路营业部开立的"王法林"账户买卖"太钢不锈"和"柳钢股份"股票。为该账户非法获利1 509 407元。

(3)融通基金原基金经理张野。

处罚:没收张野违法所得229.48万元,并处400万元罚款,终身市场禁入。

2007年起至2009年2月,张野在担任融通基金的基金经理期间,利用职务之便获取融通基金的基金投资与研究信息,并操作他人控制的"周蔷"账户,采取先于融通基金旗下的有关基金买入或卖出同一股票的交易方式为他人牟取利益,其个人从中获取好处。

(4)景顺长城原基金经理涂强。

处罚:被移送公安机关,追究刑事责任。

自2006年9月18日起至2009年8月20日案发,3年间,涂强等人通过网络下单的方式,共同操作涂强亲属赵某、王某开立的两个同名证券账户从事股票交易,先于或与涂强管理的动力平衡基金等基金同步买入相关个股,涉及浦发银行等23只股票,为赵某、王某账户非法获利379 464.40元。

（5）长城基金原基金经理韩刚。

处罚：被取消基金从业资格，除没收违法所得外，另罚款200万元，并终身禁入市场。

韩刚自2009年1月6日任长城久富证券投资基金经理至其违法行为被发现期间，利用任职优势，与他人共同操作其亲属开立的证券账户，先于或同步于韩刚管理的久富基金多次买入、卖出相同个股，违法获利27.7万多元。

（6）长城基金原基金经理刘海。

处罚：被取消基金从业资格，没收违法所得外罚款50万元，并罚3年禁入市场。

自2008年8月27日任债券基金经理起，刘海通过电话下单等方式，操作妻子黄某于国泰君安证券深圳蔡屋围金华街营业部开立的同名证券账户从事股票交易，先于其管理的债券基金买入并卖出相关个股，涉及鞍钢股份、海通证券、东百集团等3只股票，为黄某账户非法获利134 683.57元。

第二节 解析证券投资基金的来龙去脉

一、证券投资基金的进化历程

证券投资基金是伴随着个人理财观念的发育和证券市场的发展而形成的一种现代化投资方式。最早的证券投资基金是1868年11月由英国政府组建的"外

19世纪中叶的英国

国和殖民地政府信托（the Foreign and Colonial Government Trust）"，它向社会公开发售股权凭证，募集公众离散资金。这种投资信托跟股票类似，不能退股，也不能兑换，权益仅限于分红和派息；仅投资于在伦敦交易所上市的外国政府债券，投资额达48万英镑，信托期限为24年。信托的操作方式类似于现代的封闭式契约型基金，通过契约约束各当事人的关系，委托代理人运用和管理基金资产并实行固定利率制。

1879年《英国股份有限公司法》发布，标志着证券投资基金从契约型进入股份有限公司专业管理时代。公司型基金的收益分配也从固定利率转变为共享收益、共担风险的方式。

1931年，英国出现了世界第一只以净资产值向投资人买回基金单位的投资基金，它成为现代证券投资基金的里程碑。之后设立的证券投资基金已经具有了开放式基金的属性：可随时赎回，不使用融资杠杆经营，仅发

《英国股份有限公司法》公布

行不同份额等。

20世纪70年代后,随着货币市场的发展,美国出现了一种短期市场基金——货币市场基金(Money Market Fund, MMF)。作为银行存款的替代物,货币市场基金是应对美国《Q项条例》对存款利率管制的金融产品创新,打破了中小投资者无法进入货币市场的壁垒,使投资者可以更加安全地获得高于银行存款利率的投资收

美国出现货币市场基金

投资基金快速发展

益。同时,货币市场基金也使投资基金从长期投资为主的长期型转向长短期并重的均衡型。

投资基金在国外已经得到了充分的发展,成为大众投资的工具。基金专业化管理、分散投资的优势在第二次世界大战后很快扩散到世界各地。现在基金的投资领域不再局限于某一国的金融市场,而是进入国际金融市场,寻找资金来源和投资目标,在全球范

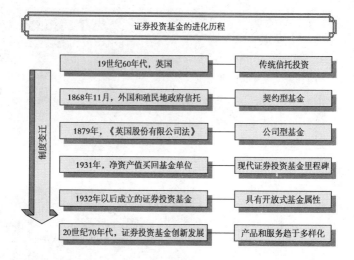

围内进行资源配置,因此基金不仅影响一国的金融市场,还会影响全球的金融市场。随着基金的发展壮大,原来主要由中小投资者参与的基金,现在有许多大投资者参加进来,基金的投资结构也发生了深刻的变化,呈现出大型化、规模化、多样化等特点。

二、美国大萧条之后的法律监管

1. 大萧条和华尔街股市1929年大崩溃

大萧条是指在欧美主导的资本主义经济体系内发生的一次严重的经济衰退,从1929年开始一直持续到20世纪30年代末。大萧条起源于美国,1929年10月29日(历史上被称为"黑色星期二")美国华尔街股市下跌

30.5点,近12%。事实上,股市从10月24日就开始下跌(史称"黑色星期四"),10月28日(黑色星期一)股市又下跌38点,下降13%。到1932年,道琼斯指数下滑到最低点42点,下跌了89%。直到23年以后的1955年,才恢复到1929年9月份的历史最高点381点。

华尔街股票市场的崩溃是引起大萧条的主要原因之一,脆弱的银行体系、生产过剩、信贷泡沫的破灭进一步雪上加霜。1932年,美国有40%的银行倒闭。1933年,罗斯福当选美国总统后实行新政,经济学家凯恩斯(John M Keynes)的政府干预理论受到重视。为了提高就业率,美国政府增加支出来搞基础建设,著名的帝国大厦、克莱斯勒大厦、金门大桥和洛克菲勒中心都是在大萧条期间完成的。

大萧条期间,美国政府对华尔街加强了管理。主要的措施有:放弃金本位制,成立证券交易委员

大萧条时期的华尔街股票市场

会（SEC），国会通过格拉斯—斯蒂格（Glass-Stegall Act）法案来分拆商业银行和投资银行业务。1933年，联邦储备保险公司（FDIC）成立，并为每个银行存款户头购买多达10万美元的保险。美国1930年的郝利—斯穆特关税法案（The Hawley-Smoot Tariff Act of 1930）保护了美国产业，却大量减少了国际贸易，而且把危机输出到其他国家，曾引起纳粹德国的不满。

　　大萧条对当时的每个人，不管是富人还是穷人都造成了毁灭性的影响。个人收入、税收、利润和价格下跌使美国家庭年收入下降40%，从2 300美元下降到1 500美元。国际贸易下降了二分之一到三分之二。美国的失业率上升到25%，另有25%是临时工作，在一些国家失业率高达33%。世界各主要城市都受到重创，尤其是重工业集中的大城市，建设几乎停顿。农村地区的耕作和农作物价格下跌了约60%。经济作物、种植行业、采矿和伐木所遭受的冲击最为严重。经济大衰退也改变了美国人的生活，300万学生辍学，妇女和黑人受到歧视，犯罪率升高。由于遇上干旱和大沙尘暴，农民放弃农场，移民到加州。作家约翰·斯坦贝克（John Steinbeck）的著名小说《愤怒的葡萄》（Grapes of Wrath）写的就是这段历史。人们的服饰也受到波及，衣服开始使用拉锁而不用纽扣，因为在当时纽扣很贵。游戏大富豪（Monopoly）也开始出现了，它至少可以让人们梦想成为富人。那时最流行的一首歌是宾·克罗斯比（Bing Crosby）的"哥们，给点钱吧！"（Brother，Can you spare a dime?）反映出20世纪30年代时经济衰退的情景。

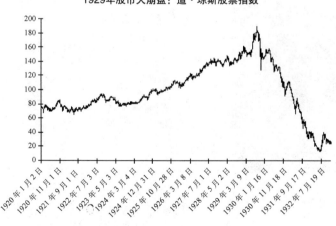

1929年股市大崩盘：道·琼斯股票指数

2. 大萧条后的立法

美国1933年的"证券法"

（1）1933年美国出台《证券法》，确定了信息披露原则，要求披露包括招募说明书、中期报告、年度报告、股东大会报告和股东账户和记录等信息；并要求基金必须在联邦证券交易委员会注册。

（2）1933年出台《格拉斯—斯蒂格尔》法案，又称《1933银行法》，规定投资银行和商业银行业务分开，禁止银行包销和经营公司证券，只能购买美联储批准的债券。该法案令美国金融业形成银行、证券分业经营的模式。

（3）1934年出台《1934年证券交易法》，规定了美国证券与交易委员会的职能，并继续强制规定基金信息披露的细则。

（4）1935年出台了《1935年公用事业控股公司法》，使得危机后成立的联邦证券交易委员会得到授权对投资公司和基金业进行全面深入的调查，并举办多次听证会，最终完成了1940年的重要报告。

（5）1939年出台了《1939年信托契约法》，要求所有公开交易的证券工具必须指定受托管理人，并详细

美国1934年的"证券交易法"

规定了受托契约的内容和认证、受托人资格、受托人和债权人（股东）的权利与义务等一系列契约细则，规范了投资领域的契约。

（6）1940年，美国联邦证券交易委员会完成了美国基金发展史上举足轻重的一份报告，报告中认为无规范的证券投资信托事业会带来悲惨的结果。证券投资信托公司及投资公司的发起人或内部人用基金来获取个人利益而给股东带来损失。

（7）1940年，专门针对投资基金的《1940年投资公司法》和《1940年投资顾问法》出台，明确了基金的宗旨、作用和运作方式，严格限制投资公司参与各种投机活动。并详细规定了有关基金管理、托管、销售、代销和提供其他服务的要求，明确了基金信息披露的细则。

美国"1940年投资公司法"

（8）各州纷纷出台对其州内有效的州"蓝天法"①，主要对在各州内注册和发行销售的基金的监管、税收优惠、信息披露等方面进行详细规定。

---

① "蓝天法"即blue sky，指股票买卖控制法。在美国，公司发行新证券时，除了要符合证券交易委员会的要求外，为防止欺诈、保护投资者利益，同时制定了一定的法律标准，俗称"蓝天法"。名称来源于法官判决某一特定股票的价值时认为它同一块"蓝天"同值。

三、证券投资基金的影响

（1）扩大了资本市场的规模和品种，推动资本市场繁荣。

（2）为中小投资者拓宽了投资渠道，丰富了金融投资品种。

（3）优化金融结构，促进经济增长。

（4）加快了机构的融资速度，拓宽了资金注入源头。

（5）有利于证券市场的稳定和健康发展。

（6）完善了金融体系和社会保障体系。

证券投资基金的影响

四、中国证券投资基金的沿革与现状

1. 中国证券投资基金的沿革

（1）萌芽期：1985—1991年。

为了吸引国外资金注入，赢得国外投资者的投资信心，中国第一家投资基金——中国东方投资基金成立。1985年12月，中国东方投资公司在香港、伦敦先后推出了"中国东方"基金,当时的初始资产净值为1 700万美元。

1987年,中国人民银行批准国内一些金融机构与海外机构合作,首先推出了

中国人民银行总部

面向海外投资人的中国国家基金,如怡富基金、新鸿基中华基金等,虽然这些基金规模较小、市场影响力不高,但它标志着中国投资基金业务开始出现。

据统计,截止到1992年底,上市的国家基金有20只,资产总值大约在50亿港元左右,这些国家基金大多在香港设立。

(2)初创期:1991—1997年。

随着上海和深圳证券交易所的先后成立,中国的证券投资基金也步入了初创期。1991年8月,珠海国际信托投资公司发起成立珠信基金,规模达6 930万元人民币,这是我国设立

最早的国内封闭式基金。同年10月,武汉证券投资基金和南山风险投资基金分别经中国人民银行武汉市分行和深圳市南山区人民政府批准设立,规模分别达1 000万元人民币和8 000万元人民币。到1992年经中国人民银行批准,共有37家投资基金发行,规模共计22亿美元。

淄博乡镇企业投资基金上市仪式

1992年6月,深圳市颁布了我国第一个地方性基金法规文件,即《深圳市投资信托基金管理暂行规定》。该法规和后来上海证券交易所公布的《上海证券交易所基金证券上市试行办法》,共同成为规范证券投资基金运作的地方性法规。这些法规的颁布为成立证券投资基金提供了依据,也大大地促进了证券投资基金的发展。

1992年11月,我国第一家公司型封闭式投资基金——淄博乡镇企业投资基金由中国人民银行总行批准成立。1993年,淄博基金在上海证券交易所公开上市,以此为标志,我国基金进入了公开上市交易的阶段。

截至1997年10月,全国共有投资基金72只,募集资金66亿元人民币。全部为封闭式,还大多是契约型的,而且规模小,平均规模8 000万元。绝大多数投资基金的资产由证券、房地产和融资构成,其中房地产占据相当大的比重。

当时基金的设立、管理、托管等环节均缺乏明确、有效的监管机构和监管规则,基金的运作管理不够规范,投资者权益缺乏足够的保障。

封闭式基金在初创期面临较大风险

部分基金的管理人、托管人、发起人三位一体,基金只是作为基金管理人的一个资金来源,而基金资产与基金管理人资产混合使用,账务处理混乱。

(3) 发展期:1997年至今。

《证券投资基金管理暂行办法》在1997年10月的出台,标志着中国证券投资基金进入规范发展阶段。该暂行办法对证券投资基金的设立、募集与交易,基金托管人、基金管理人和基金持有人的权利和义

"证券投资基金管理暂行办法"出台

务,基金的投资运作与管理等都做出了明确的规范。

1998年3月,金泰、开元证券投资基金的设立标志着规范的证券投资基金开始成为中国基金业的主流。

华安基金公司成立第一只开放式基金

到2001年,我国已有基金管理公司14家,封闭式证券投资基金34只。

2001年9月,华安基金管理公司成立了我国第一只开放式证券投资基金——华安创新,开放式基金试点正式启动。据统计,首批发行的三只开放式基金募集资金总量超过110亿元,截至2002年底,开放式基金已猛增到17只。

在开放式基金快速增长的情况下,封闭式基金的市场份额继续趋于缩小,其数量占基金总数的比例从2004年的33.54%下降到了24.77%。资产规模占基金行业的比例从2004年的24.96%下降到了17.52%。

在开放式基金中,股票型基金仍然是基金公司最为热衷的产品,其数量从2004年年底的60只增加到2005年年底的95只,成为数量增长最多的一年。

2. 中国证券投资基金的现状

经过二十多年的发展历程,中国的证券投资基金已经成为中国资本市场的重要组成部分。随着证券投资基金资产规模和投资者数量的增加,证券投资基金已成为影响中国资本市场的重要力量。

(1)中国证券投资基金的市场影响力逐渐增加。

中国证券投资基金以其市场化的运作模式与路径,对中国金融市场的发展发挥了积极的推动作用,成为我国金融市场上增强总体市场活力的"助推剂"。在证券投资基金规模快速发展的同时,投资于证券投资基金的投资者数量也急剧增加,掀起全民投资的热潮。

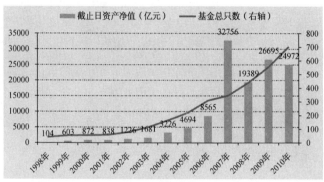

1998—2010年我国基金日资产净值与基金数量

(2)给我国资本市场注入了新的资金。

证券投资基金可以在资本市场上购买大量的股票,从而向资本市场注入了大量的新资金;同时证券投资基金的安全性、收益型特点也会吸引未进入资本市场的人购买,从而把资金从商业银行转移到资本市场,也为资本市场注入了新的资金。

(3)壮大了债券市场的资金存量。

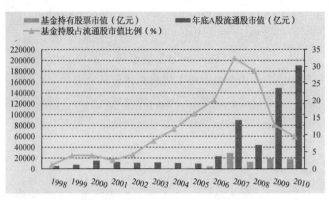

1998—2010年我国基金持股市值及A股流通市值

证券投资基金的加入也丰富了债券市场的队伍,使资本市场更加活跃,打破了商业银行的垄断,提高了投资者的地位。根据我国相关规定,证券投资基金持有债券必须在20%以上,证券投资基金业的发展大幅增加了债券市场的资金存量。

我国基金持有各类型债券总规模(单位:亿元)

五、里程碑【基金发展大事记】

1. 基金发展里程碑（国际）
- 1868年，世界上第一个投资信托——外国和殖民地政府信托（the Foreign and Colonial Government Trust）在英国诞生，是第一个专门为小额投资人取得规模经济的投资目的而进行的集资，是公认的设立最早的证券投资基金机构。
- 1873年，苏格兰人罗伯特·弗莱明（Robert Fleming）在英国的丹地市，创立了第一家专业管理基金的组织"苏格兰美洲投资信托"（Scottish American Trust）。"苏格兰美洲投资信托"引领了由专业管理人员操作的基金管理模式。
- 1879年《英国股份有限公司法》发布，从此证券投资基金从契约型进入股份有限公司专业管理时代。
- 1924年，美国出现了第一只首次在设立时就向公众出售的开放式基金——马萨诸塞投资信托（Massachusetts Investment Trust, MIT）。它被认为是真正具有现代面貌的投资基金，也是第一个公司型开放式基金。
- 1940年，美国公布了《投资公司法》。该法详细规范了证券投资基金的组成及管理的要件，为投资者提供了完整的法律保护，从而奠定了投资基金健康发展的法律基础。
- 1979年，免税货币市场基金出现在美国资本市场上，把货币市场基金的便利和政府债券基金的税收优惠结合在一起。
- 1993年，第一只交易型开放式指数基金（Exchange Traded Fund）在美国股票交易所上市交易，这是一种在交易所上市交易的开放式证券投资基金，其盯住标准普尔500指数。
- 2003年，美国爆发基金黑幕。为了赢得投资者的信心、保护投资者的利益，美国监管机构对违法操作的共同基金公司、对冲基金公司和中介机构进行清算。
- 2007年，美国次贷危机爆发，引发全球股市动荡，使得大量基金倒闭。2007年8月8日，美国第五大投行贝尔斯登宣布旗下两只基金倒闭；8月9日，法国第一大银行巴黎银行宣布冻结旗下三大基金，因为其投资了美国次级债而蒙受巨大损失。

2. 中国基金业里程碑
- 1989年，香港新鸿信托投资基金管理有限公司推出了第一只中国概念基金——新鸿基中华基金。
- 1997年11月14日，《证券投资基金管理暂行办法》颁布实施，基金的监管单位由中国人民银行改为中国证监会，规范化的证券投资基金试点终于有法可依，标志我国基金从此进入一个规范化发展时期。

- 1998年3月5日，第一批基金管理公司——国泰和南方基金管理有限公司分别在上海和深圳成立。同年3月23日，第一批规范的封闭式证券投资基金——金泰基金和开元基金获准分别由国泰和南方基金管理公司发行，从此中国基金业进入规范的证券投资基金试点阶段。
- 2000年10月，中国证监会发布《开放式基金试点办法》。2001年9月20日，首只开放式基金——华安创新基金募足设立，开放式基金试点正式启动。
- 2000年10月，《财经》杂志发布封面文章《基金黑幕——关于基金行为的研究报告解析》，文章引用了上海证券交易所监察部工作人员赵瑜纲的调查报告内容，引起业界极大震动。基金黑幕事件掀起了中国基金业的"整风运动"，影响深远。
- 中国证监会与中国人民银行于2002年11月7日下午在中国证监会网站上联合公布了《合格境外机构投资者境内证券投资管理暂行办法》，该办法将自2002年12月1日起施行。
- 2003年6月，全国社保基金以委托投资方式进入证券市场。截至2009年12月31日,全国社保基金委托证券市场投资总收益近1 600亿元。
- 2003年10月28日,起草工作历时3年之久的《证券投资基金法》经第十届全国人大常委会第五次会议表决通过,2004年6月1日正式实施。
- 2006年9月12日,第一只股票类QDII基金——南方全球精选配置基金发行,募集规模为150亿元人民币。同年9月13日,第一只QDII外币基金——华安国际配置基金向投资人定向募集,首次募集规模上限为5亿美元。
- 2011年2月23日,新修订的《企业年金基金管理办法》正式公布,于2011年5月1日起施行。

六、名人堂

1.本杰明·格雷厄姆(Benjamin Graham)

本杰明·格雷厄姆作为一代宗师,他的金融分析学说和思想在投资领域产生了极大的震动,他的《证券投资分析》影响了几乎三代投资者。如今活跃在华尔街上的数十位管理着上亿资金的投资管理人都自称是格雷厄姆的信徒,使他享有"华尔街教父"的美誉。

2. 约翰·博格尔（John Bogle）

约翰·博格尔，先锋集团的创始人、博格尔财经市场研究中心的总裁。他于1974年创建先锋集团，1997年以前一直担任主席，1999年之后担任董事会主席。他开创了指数共享基金的投资方式，开风气之先。人们认识到，不熟悉股市行情的普通股民可以把钱交给懂行的人去办理。现在通过共享基金进行投资，成了美国普通股民最为通行的炒股方式。1974年，博格尔断定并不存在能战胜市场指数的基金，开始推行以指数为基准进行投资的原则，同年成立了先锋指数基金。1997年，博格尔被《金融服务领导者》杂志评为20世纪全球7位"创新领导者"之一。

3. 约翰·邓普顿（John Templeton）

1937年，邓普顿开始其华尔街的生涯，1947年投身基金理财界，在随后的45年中，每年平均回报率高达15.2%。1954年他创立了"富兰克林邓普顿基金集团"，成立邓普顿增长基金，45年中每年平均复式增长15.2%。在长期投资生涯中，形成了邓

普顿特有的投资思想和投资风格。《福布斯》杂志称他为"全球投资之父"以及"历史上最成功的基金经理",他是最早冲出美国,教会美国人海外投资好处的投资大师。

4. 沃伦·巴菲特(Warren Buffett)

据估计,截止到2007年4月11日,巴菲特拥有约524亿美元的净资产。他凭借睿智的投资,汇集了非常庞大的财富,尤其是通过在波克夏·哈萨威公司(Berkshire Hathaway)的持股,他成为2005年福布斯百大富豪排行榜的第二名,仅次于比尔·盖茨。

5. 约翰·内夫(Jone Neff)

在1964年成为先锋温莎基金投资组合经理人的31年间,约翰·内夫的出色操作使先锋温莎基金总投资报酬率达到55.46倍,累积31年平均年复利报酬率13.7%的记录在基金史上尚无人匹敌。在过去的20年,他同时管理格迷尼基金(Gemini Fund),该基金的增长率几乎是股市价格增长率的两倍。

第二篇 共同基金

6. 彼得·林奇（Peter Lynch）

1977—1990年，在彼得·林奇担任麦哲伦基金经理人职务的13年间，麦哲伦基金的管理资产由2 000万美元增长至140亿美元，基金投资人超过100万人，成为富达的旗舰基金，并且是当时全球资产管理金额最大的基金，其投资绩效名列第一。在13年间麦哲伦基金的年平均复利报酬率高达29%，其投资组合由原来的40种股票变成了1 400种。彼得·林奇也因此被美国《时代》周刊誉为"第一理财家"。

7. 乔纳森·贝尔·洛夫莱斯（Jonathan Bell Lovelace）

乔纳森·贝尔·洛夫莱斯是Capital集团的创始人。作为一个成功的投资者他享有很高的声誉，并在1924年成为E.E.麦克龙公司的合伙人。别人可能会被强劲牛市的欣欣向荣所陶醉，但是洛夫莱斯却保持着清醒的头脑。根据对市场价格和真实投资价值的研究，洛夫莱斯非常重视投资热情对股票价格的影响，并认为在市场高涨的条件下，股票的市值不会持久。

第三节 证券投资基金的具体运作

一、证券投资基金的分类

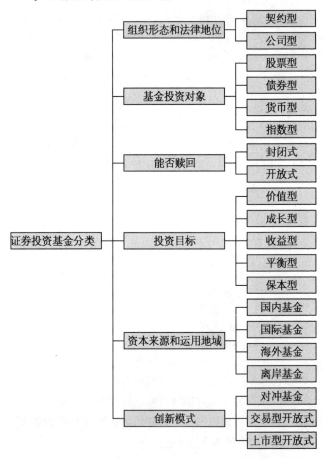

二、基金管理公司的运作管理

1. 基金的募集

投资基金是由经中国证监会批准的基金管理公司发起设立的。中国证监会收到文件后会对基金管理人资格、基金托管人资格、托管协议、招募说明书,以及上报材料的完整性、准确性进行审核,如果符合有关标准,批准基金管理人销售基金。

2. 基金的营销

基金管理公司可以通过两条途径销售基金:一是代销。代销机构通常为证券公司、商业银行或其他经监管部门认可的机构。二是由基金管理公司自己销售。为了吸引投资者,规模较大的基金管理公司都有专业化、高素质的市场营销队伍,专门负责市场营销、投资咨询、宣传与教育,以及向投资者提供各类投资与信息服务。

3. 基金的申购/赎回

投资者到基金管理公司或选定的基金代销机构开设基金账户,按照规定的程序申请申购或赎回基金单位。投资者购买基金单位的过程称作申购;投资者将所持基金单位卖给基金并收回现金,也就是基金应投资者的要求买回基金单位的过程,称为赎回。

4. 基金的托管

基金的托管由依法取得托管资格的基金托管人

负责。基金托管人是依据证券投资基金运行中"管理与保管分开"的原则,对基金管理人进行监督和对基金资产进行保管的机构。基金托管人在基金的运作中具有非常重要的作用,关键是有利于保障基金资产的安全,保护基金持有人的利益。我国《证券投资基金法》规定,基金托管人由依法设立并取得基金托管资格的商业银行担任。

5. 基金的注册登记

投资者买入基金单位后,由注册登记机构在其基金帐户中进行登记,表明其所持基金单位的增加。投资者卖出基金单位后取得款项,并由注册登记机构在其基金账户中登记,表明其所持基金单位的减少。担任基金注册登记机构的可以是基金管理公司,也可以是基金管理公司委托的商业银行或其他机构。

6. 基金的投资管理

基金管理公司按照所公布的基金契约的要求进行基金投资与管理,如按一定的投资比例或行业投入股市、债券市场等,这是开放式基金运作的关键环节,决定着基金的经营业绩。基金管理公司一般会组建专业的管理团队,运用专业的管理工具和知识,构建符合目标和理念的投资组合,通过风险控制机制控制投资风险、保证目标收益。

7. 基金的信息披露

开放式基金的信息披露包括每天公布上一工作日的单位基金净值、季度投资组合公告、中期报告、年度报告，使投资者及时了解基金的表现情况。

8.收益、费用及收益分配

基金收益包括红利、利息、证券买卖价差和其他收入。基金支付的费用主要包括支付给基金管理公司的管理费、支付给托管人的托管费、支付给注册会计师和律师的费用、基金设立时发生的费用与其他费用。基金收益扣除基金费用后便是基金的净收益。开放式基金一般以现金形式进行收益分配，但投资者可以选择将所分配的现金，自动转化为基金单位，即红利再投资。

证券投资基金的运作管理方式如下图所示。

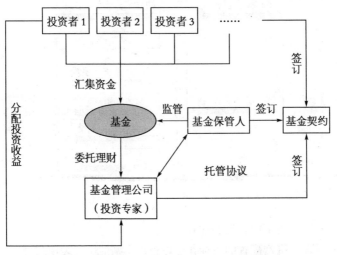

证券投资基金运作管理图

三、基金管理公司的投资运作

1. 证券投资基金的资产配置

资产配置（Asset Allocation）是指投资者为了实现投资目标，在对证券进行分析和选择以后决定如何将其资金在不同地域和不同资产类型间进行分配的过程。资产配置是投资过程中最重要的环节之一，也是决定投资组合相对业绩的主要因素。

证券投资基金的资产配置流程如下图所示。

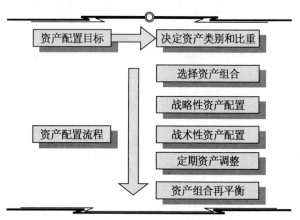

证券投资基金资产配置流程图

（1）资产配置的目标

资产配置的目标在于以资产类别的历史表现与投资人的风险偏好为基础，决定不同资产类别在投资组合中所占的比重,以及投资组合中的各类资产在不同的具体资产间的配置。

(2)资产配置的流程

资产配置过程可分为以下步骤:

第一步,根据基金的投资理念和投资目标寻找最佳的资产组合。这是指选择最能够与投资者的投资构想与目标相匹配的各种资产类别,它们构成的资产类别在一定的风险下能够给投资者带来最大收益。

第二步,投资者建立长期的战略性资产配置策略。确定资金在各资产类别上的配置比例(一级资产配置),以及在具体资产上的配置比例(二级资产配置)。

第三步,在长期的战略性资产配置的原则下,投资者将执行战术性资产配置的决策,利用合适的执行工具对一级资产配置和二级资产配置的状态进行动态的调整。

第四步,在多数情况下,在战略性资产配置的框架下,投资者将定期对资产组合进行再平衡,同时不能忽视与再平衡行为有关的税收和交易成本。

最后,投资者还需不时考察战略性资产配置本身,以确保其符合投资者所处的现实环境、心理状态、资产组合中不同资产类别的前景,以及对金融市场的大势预测。

(3)资产配置的影响因素

在进行资产配置的过程中,主要考虑的因素有以

下几个方面:

① 影响投资者风险承受能力和收益需求的各项因素:投资周期,资产负债状况,财务变动状况与趋势,资产净值,风险偏好。

② 影响各类资产的风险收益状况,以及相关关系的资本市场环境因素包括国际经济形势、国内经济状况与发展动向、通货膨胀、利率变化、经济周期波动、监管等。

③ 资产的流动性特征与投资者的流动性要求相匹配的问题。

④ 投资期限:投资者在有不同到期日的资产(如债券等)之间进行选择时,需要考虑投资期限的安排问题。

⑤ 税收考虑:税收结果对投资决策意义重大,因为任何一个投资策略的业绩都是由其税后收益的多少来进行评价的。

2. 证券投资基金的股票选择

为了成功地实施股票选择策略,投资机构需要具有单只股票的预测能力,必须能够区分相对具有吸引力和不具吸引力的单只股票。因此,该投资机构需要一些衡量或评价股票的方法。

下图说明了股票投资过程的必要要素,并表明这些要素如何结合在一起以形成所希望的股票选择战略。

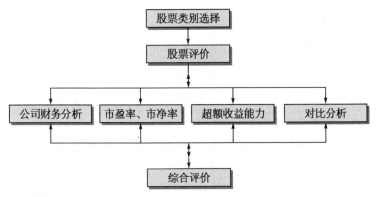

股票选择流程图

（1）股票类别选择

股票类别选择可以有多种分类的原则，因为股票对应的是上市公司，而不同类别的上市公司表现出不同的特征，所以在应用某些评价方法前对股票进行分类是必要的。

① 行业选择：不同的行业为公司投资价值的增长提供不同的空间，因此，行业是直接决定公司投资价值的重要因素之一。

② 地域选择：上市公司的生产与销售等与所属行业紧密相关，但是同时也受到所处地区经济发展状况的影响，因此对上市公司进行地域选择也是股票分类选择中应该考虑的方面。

③ 公司规模选择：公司规模大小在一定程度上反映公司的发展潜力与生存能力。规模庞大的公司一般经营较稳健，业务流程比较规范，融资能力也较强；

而规模小的公司一般比较灵活,具有快速成长的潜力,但投资的风险也相对较大。

(2)股票评价

股票评价在股票选择策略中占有重要地位,其决定了股票的投资价值的大小。具体来说,股票评价的方法主要包括以下方面:

① 上市公司财务资质选股:公司财务分析,又称财务报表分析,通过对上市公司财务报表的有关数据进行汇总、计算、对比,综合地分析和评价公司的财务状况和经营成果。

② 系数选股:在分析投资组合业绩情况时,通过系数能够知道回报中有多少是因市场的增长而来,有多少是得益于基金管理人的选股能力,它反映非市场带来的回报,也就是基金经理取得的超过市场的那一部分价值。

③ 聚类选股:通过对选择的指标进行计算,将数据结构类似的上市公司进行归类。通过选择不同的聚类核,将指定范围内的上市公司按所选择的指标数值进行相似度的排序,既可以识别出具有投资价值的公司,又可以识别存在高风险的上市公司。

(3)综合评价

股票评价方法表明了识别相对具有吸引力和不具吸引力股票的多种方法,当各信息来源都有预测内容并相互补充时,运用多种信息来源选择股票比仅依靠单一方法要好。股票选择流程图中方框"综合评价"

表明,应该将这些单个预测在一种最优方式下结合在一起,以期最大化预测价值。

3. 证券投资基金的债券选择流程

在债券选择上,利率趋势分析是基础。通过对利率期限结构的分析,确定债券的久期①与凸度②,选择与久期、凸度匹配的券种,并通过多种评价方法进行分析,最后综合评价出有投资价值的债券。债券选择流程图提供了一种债券选择的流程框架:

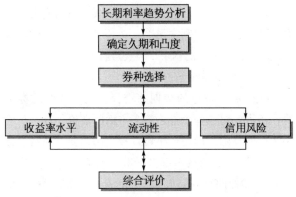

债券选择流程图

① 久期(Duration)是用来衡量债券持有者在收到现金付款之前,平均需要等待多长时间。在债券投资里,久期被用来衡量债券或者债券组合的利率风险,一般来说,久期和债券的到期收益率成反比,和债券的剩余年限及票面利率成正比。

② 利用久期衡量债券的利率风险具有一定的误差,债券价格随利率变化的波动性越大,这种误差越大。凸性可以衡量这种误差。

凸性是对债券价格曲线弯曲程度的一种度量。凸性越大,债券价格曲线弯曲程度越大,用修正久期度量债券的利率风险所产生的误差越大。

（1）利率趋势分析

利率趋势分析是债券选择的基础，因为利率波动是影响债券价格变化的最重要的因素。这里所提到的利率是指基准利率，即投资者所要求的最低利率，一般使用无风险的国债收益率作为基准利率的代表。

（2）久期分析与券种选择

在对长期利率趋势进行分析以后，就可以根据对利率走势的判断匹配与其相适应的债券的投资期限，确定债券的久期。在债券投资里，久期被用来衡量债券或者债券组合的利率风险，久期与债券的到期收益率成反比，与债券的剩余年限及票面利率成正比。

（3）个券评价方法

在确定了债券的久期并选择与之相匹配的券种后，还需要对这些个券进行多方面的评价，进一步缩小选择的范围，最终选出可以投资的债券。在对个券进行评价时，常常要考虑以下几个方面：

① 债券的收益率水平：一般来说，债券利率、市场价格和债券面值的差额、还本期限，以及宏观经济状况是影响债券投资收益率的主要因素。

② 债券的流动性：债券的流动性强意味着能够以较快的速度将债券兑换成货币，同时以货币计算的价值不受损失，反之则表明债券的流动性差。

③ 债券的信用风险：一般来说，国债几乎没有信用风险，因为国债的还本付息一般是有国家财政作为保障的，但企业债券由于债券发行企业自身违约风险

的存在，投资企业债券时就要考虑到信用风险。

（4）综合评价

债券评价方法中提出了识别相对具有吸引力和不具吸引力债券的多种方法，应该将这些评价方法在一种最优方式下结合在一起，选择出具有价值的投资品种。

4. 证券投资基金的时机选择流程

对市场走向的判断是时机选择中最先考虑的因素，而一般来说，对于大势的判断包含在基础分析的过程中，并在大势走向分析的基础上对行业周期、股票价格与价值的偏离情况等进行分析，最后从技术角度对买卖的临界点进行判断。时机选择流程如右图所示。

时机选择流程图

（1）大势研判

大势研判是时机选择的基础，股票投资讲究顺势而为，所谓"势"，即是对宏观经济运行情况，以及影响股票综合指数波动的政策因素等进行分析，判断大盘的运动方向。

宏观经济运行分析是指对一个开放的经济体的各总体经济变量之间的相互作用关系及其运动规律的分析。通过对影响股市运行的各主要宏观变量的分析研究，投资者可以对股市运行的趋势进行预测并选择投资时机。

① 经济周期及其对股市影响：投资者应当结合经

济周期的变化规律与行业的特点进行操作,提前在股价反映未来景气变动前预测到未来景气的变动。

②通货膨胀及其对股市的影响:通货膨胀主要是由于过多地增加货币供应量造成的,货币供应量与股票价格一般呈正比关系。

③国内生产总值及其对股市的影响:国内生产总值的增长使国民收入增加,国民经济主体的经济活动趋于活跃,从而带动产品市场、资本市场以及股票市场的繁荣。从长期看,在上市公司的行业结构与该国产业结构基本一致的情况下,股票平均价格的变动与国内生产总值的变化趋势是吻合的。但不能简单地以为国内生产总值增长,股票市场就必将伴之以上升的走势,实际上有时恰恰相反。

④技术分析与大势研判:可以采用多种技术分析,来判断当前市场的状态,其中,比较出名的技术分析理论包括道氏理论、艾略特波浪理论,以及江恩正方形等。

(2)行业周期分析

行业经济活动是介于宏观经济活动和微观经济活动中间的经济层面,是中观经济分析的主要对象之一。不同的行业为公司投资价值的增长提供不同的空间,因此,行业是直接决定公司投资价值的重要因素之一。行业周期分析主要是界定行业本身所处的发展阶段,并结合大势研判,为最终确定投资对象的买卖时机提供参考。

（3）上市公司价值分析

明确了所要投资股票的行业周期之后，接下来就要对上市公司进行具体、客观的分析，主要是对上市公司价值的分析。股票的价格每日都在波动，但支撑股价的主要因素还是上市公司未来的盈利能力。

（4）临界点的判断

由于指标技术分析与形态技术分析都只是从单一方面对证券市场的状态进行分析，要想全面、正确地分析证券市场就必须全方位研究证券市场。因此，要将各种技术指标和技术形态组合在一起，利用相互验证的原理，对证券市场进行立体的全方位分析。

第四节　重要基金介绍

一、国际著名基金公司

1. 先锋集团（Vanguard）

先锋集团于1974年由约翰·鲍格尔（John Bogle）创立，其前身威灵顿基金则早在1929年就诞生了。在不长的时间里公司已经在基金行业里占有突出的地位，是世界上第二大基金管理公司。同时，先锋集团是世界上最大的不收

先锋集团标志

费基金家族。现在在全世界管理着3 700多亿美元的资产，为1 000多万投资者提供服务。

与"先锋号"一样，先锋集团在美国共同基金业的发展中也处处体现领先者的风范。1976年，集团成立的第二年，先锋集团推出第一只指数基金——先锋500指数基金。此基金现已发展成全球规模最大的指数基金。一年后，先锋集团在客户服务方面做出令业界震惊的革新：取消外包的中间销售商和基金的销售费用。1981年，先锋第三次采取革命性的创举，采用内部的投资管理团队管理大部分固定收益资产，改变了原先完全依赖外部基金经理的局面。

2. 富达投资集团（Fidelity）

富达投资集团总部

富达投资集团于1946年由约翰逊·爱德华二世创立，成立于美国波士顿。当初主要为小额投资者服务，经过40年的发展后，已从纯粹的共同基金公司发展成为一个多元化的金融服务公司，包括基金管理、信托以及全球经纪服务。富达投资是推出可以用支票提款的货币市场基金的第一家基金管理人。

富达投资集团曾经荣获了世界著名的信用评级

机构穆迪的3A的最佳信用评级,还在路透社组织的评比中荣获1998年最佳基金管理公司,同时囊括8个单项评比的冠军,共有4名基金管理人的表现位列最佳基金经理的前20名。2005年度再度荣获由Thomson Financial所主办的欧洲最佳基金管理团队大奖,同时这也是富达投资连续第五次获此殊荣,这为得奖纪录辉煌的富达投资再添光芒。

3. 富兰克林·坦普顿(Franklin Templeton)基金集团

富兰克林·坦普顿基金集团由鲁勃特·强生(Robert Johnson)于1947年成立于美国纽约,全球一共有72家分支机构,一向以全球型股票基金与债券基金操作著称。集团股票同时在纽约证券交易所、伦敦证券交易所以及太平洋证券交易所挂牌交易,迄今在投资管理行业已有近60年的历史。富兰克林·坦普顿基金集团是以市值排名全球最大的上市基金管理公司。从管理的资产规模来说,它是全球第三大,旗下管理的资产规模超过4 000多亿美元,产品覆盖全球50多个市场,投资者遍布全球100多个国家。

富兰克林·坦普顿基金集团标志

富兰克林·坦普顿基金集团特别注重投资研究的实力。目前旗下有210位研究分析师以及140位基金经理,管理将近250只基金,50多个研究机构遍布28个国家,集团员工总数达到7 300人,能精准掌握全球最新金融动态,为全球100多个国家的近1 000万名投资者提供全面的理财服务。集团旗下的富兰克林系列、邓普顿系列、互惠系列和丰信国际信托投资风格迥异,各有所长,协力为投资人提供全面而多元的理财服务。除了擅长于股票投资外,富兰克林·邓普顿基金集团在债券上的丰富操作经验,使其成为全球多家保险公司、退休基金的投资管理人,更成为美国最大的免税债券基金的投资管理人。

4. 景顺投资(Investco)

景顺投资公司主页

美国景顺集团是全球最大的基金管理公司之一,它是由20世纪70年代成立的景顺投资(Investco)和AIM管理公司在90年代合并成立的,通过遍布19个国家的分支机构为身处100多个国家和地区的客户服务。景顺集团通过各种销售渠道为机构和个人提供了多样化的投资产品与服务,目前它在全球拥有40多个办事机构。与其他公司不同的是,景顺的业务全部集中在资产管理领域,它是全球最大的投资管理人之一。

景顺集团的股票在伦敦、纽约、多伦多等证交所公开上市。作为上市公司和基金管理公司,它受到当地监管机构严格的双重监管。景顺集团自1962年开始投资于亚洲市场,公司经营和管理的资产规模目前在亚太地区首屈一指。2001年6月30日,景顺投资亚洲太平洋投资组有66名投资专业人员,为区内及洲际客户管理超过113亿美元的资产。

5. 巴克莱环球投资公司(Barclays Global Investors)

巴克莱环球投资公司总部

英国的巴克莱环球投资公司(Barclays Global Investors)是英国巴克莱银行(Barlays Bank)集团旗下的分公司,是世界上最大的机构投资管理者之一,旗下管理的资金超过1.5万亿美元。在ETF基金行业中,巴克莱环球投资公司是世界上最大的指数基金管理机构,也是该行业全球领头羊。旗下基金所涵盖的资产种类极其广泛,它运营着全球1 500多只基金,所追踪指数超过200种。1971年,当该公司为其企业养老金计划客户提供指数投资组合服务时创造了指数投资概念。结果,此后四分之一个世纪以来,全球的投资者从巴克莱环球投资不断积累的基于指数的投资产品专业管理经验中受益匪浅。

6. 资金集团(Capital Group)

资金集团的前身是

资金集团标志

由乔纳森·贝尔·洛夫莱斯因个人兴趣而成立的小型投资公司，逐步壮大成美国三大基金管理公司之一和全球最大的独立投资研究组织之一。70多年的发展历程，让这个全球最大的新兴市场投资者之一和主要发达国家和地区最受推崇的投资管理公司，展现了它的核心价值观：注重长期投资，密切关注创新和创新者，始终如一地要求高职业标准，坚持以充分论证为基础的稳健投资，重视并合理地组织一流人才，一以贯之地为投资者提供良好的服务。

7. 贝莱德（BlackRock）资产管理公司

贝莱德资产管理公司标志

贝莱德是世界上卓越的资产管理公司之一，也是投资管理、风险管理与咨询服务的领导者，为全球各地专业法人、中介机构及个人投资者提供服务。贝莱德提供多种类型的投资方案，以极大化超越指数的表现为目标，精准基本面与技术面的主动式管理。并以增加在世界资本市场投资广度为目标，实行高效率的指数型策略。截至2011年3月31日，贝莱德管理的总资产达3.648万亿美元，包括股票、固定收益投资、现金管理、替代性投资、不动产及咨询策略。通过BlackRock Solution，贝莱德为广大客户提供风险管理、策略咨询与企业投资系统服务，客户投资组合总计约9.5万亿美元。

8. 太平洋投资管理公司（PIMCO）

太平洋投资管理有限公司由被称为业界称作债券之王的比尔·格罗斯（Bill Gross）创建。PIMCO公司的主要业务包括策略投资、国际并购、资产重组、私募融资、资本运作、境外股票发行上市、初次公开上市（IPO）与反向收购上市（RTO）、财务顾问、管理咨询等综合投资银行顾问服务。公司总部位于美国，与美国及香港各大证券专业机构保持长期稳定的紧密合作关系。公司根据企业所在行业、规模、产品、市场和管理团队的具体情况，设计出规范化、切实可行的战略规划，并成功运作了六家美国、中国香港和内地的公司在美国上市融资和兼并收购，融资总额达6 500万美元。

太平洋投资管理公司标志

9. 东方汇理资产管理公司（Amundi Asset Management）

东方汇理资产管理公司由法国农业信贷银行及法国兴业银行两者旗下专业资产管理公司合并而成。截至2011年3月31日，共管理6 905亿欧元资产，为全球领先的资产管理公司之一。截至2010年12月，东方汇理资产管理规模位居欧洲第三、全球排名第八。东方汇理资产管理公司的专业资产管理业务历史悠久，在欧洲、亚洲、澳洲及美国均

东方汇理资产管理公司标志

设有投资中心及分支机构,其丰富的资产管理业务经验为合作客户提供有力的支持。

二、中国五大公募基金公司

华夏基金标志

1. 华夏基金

华夏基金管理有限公司成立于1998年4月9日,是经中国证监会批准成立的首批全国性基金管理公司之一。公司总部设在北京。历经多年牛市与熊市的洗礼,华夏基金规范运作、稳健经营,以雄厚的综合实力保持了基金行业的领先地位。截至2010年12月31日,华夏基金管理资产规模达到1 708.62亿元,是境内管理基金数目最多、品种最全的基金管理公司之一。

嘉实基金标志

2. 嘉实基金

嘉实基金管理有限公司成立于1999年3月,是经中国证监会批准成立的基金管理公司。公司总部设在北京。2005年6月嘉实成为合资基金管理公司。嘉实基金拥有全国社保基金投资管理人、企业年金投资管理人、基金公司开展境外证券投资管理业务和基金管理公司特定客户资产管理业务资格。截至2010年12月31日,管理资产规模为1 463.12亿元,居行业前列。

3. 易方达基金

易方达基金管理有限公司成立于2001年4月17日。

易方达基金管理有限公司标志

2004年10月,易方达取得全国社会保障基金投资管理人资格。2005年8月,易方达获得企业年金基金投资管理人资格。2007年12月,易方达获得合格境内机构投资者(QDII)资格。2008年2月,易方达获得从事特定客户资产管理业务资格。截至2010年12月31日,公司旗下共管理22只开放式基金、5只封闭式基金和多个全国社保基金资产组合、企业年金及特定客户资产管理业务,资产管理规模为1 448.52亿元。

4. 博时基金

博时基金标志

博时基金管理有限公司成立于1998年7月13日,是中国内地首批成立的五家基金管理公司之一。公司总部设在深圳。博时基金公司是一家为客户提供专业投资服务的资产管理机构。截至2010年12月31日,博时管理的资产规模为1 248.31亿元,是目前我国资产管理规模最大的基金公司之一,养老金资产管理规模在同行业中名列前茅。

5. 南方基金

南方基金标志

经中国证监会批准,南方基金管理有限公司成立于1998

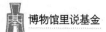

年3月6日。南方基金总部设在深圳。南方基金以持续优秀的投资业绩、完善周到的客户服务，赢得了广大基金投资人、社保理事会、企业年金客户、专户客户的认可和信赖。截至2010年12月31日，公司管理资产规模为1 060.63亿元，位居行业前列。

对冲基金

第二篇

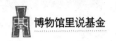

第七章 对冲基金的发展与运作

第一节 对冲基金的概念

一、对冲基金的含义

所谓对冲基金（Hedge Fund），从字面意义上解释，也就是避险基金，又称套利基金、套头基金。它是流行于美国的一种私人投资管理体制下的有限合伙企业，是一种形式简单、费用低廉且隐秘灵活的私人投资管理方式。

对冲（hedge）的运用源自美国农业。农场主预先把即将收获的谷物或牛卖出，到时再向买主交货。这样一来，他们就把价格锁定在签买卖合同时候的"市价"，而不必担心将来由市场波动而造成损失。用这种预卖谷物或牛的方式，农场主们基本上就把从收割到上市这段时间的市场波动风险"对冲"了。

古代人打仗，经常用到一种行之有效的战法，即以一路兵马事先在狭长谷地之中设埋伏，做好卡制谷口的兵力部署，之后再以另一路兵力"引诱"敌人。比如接触一下目标敌人，之后佯装落败而逃，等敌人进入圈套，埋伏兵力堵截后路，而佯装逃跑的一部后队变前队，反身发起进攻。这样就形成了利用地形，两路军力相向夹击敌人的格局。这就是最简单的"对冲"打法了。

在对冲格局中，两个相向的力量是相辅相成的，缺一不可。取得利益是两个力量同时形成的，而且取得的总体利益是两个部分所得到的利益之和。这就像期货市场套期保值的对冲时，在现货市场和期货市场上，两个相反头寸[①]的力道是夹击之间的价格差，但并不能确定哪个部分盈利更多（也许某一个部分是亏的），而只能知道夹击而锁定的利润。除此之外，还有一种，即在一个市场上收集足够的筹码后，在另外一个市场上安排空头，之后在前者市场上启动并触发下跌，最后在另外市场上的空头获利。

随着衍生工具市场的繁荣，对冲基金管理人大量使用衍生产品来管理投资组合，因此对冲基金通常被认为是一种衍生工具基金。

对冲基金可以运用多种投资策略，包括运用各种衍生工具如指数期货、股票期权、远期外汇合约，乃至于其他具有财务杠杆效果的金融工具进行投资，同时也可在各地的股市、债市、汇市、商品市场进行投资。与特定市场范围或工具范围的商品期货基金、证券基金相比，对冲基金的操作范围更广。

---

① 头寸指投资者拥有或借用的资金数量。头寸是一种市场约定，承诺买卖外汇合约的最初部位，买进外汇合约者是多头，处于盼涨部位；卖出外汇合约者为空头，处于盼跌部位。

目前,经过几十年的演变,对冲基金已逐渐失去其初始的风险对冲内涵,成为一种新的投资模式的代名词,即基于最新的投资理论和极其复杂的金融市场操作技巧,充分利用各种金融衍生产品的杠杆效用,承担高风险、追求高收益的投资模式。

如果一个市场持续走牛,没有风险需要对冲,那么对冲基金完全可以跟共同基金一样持续做多。不过,当基本面变得不可测、风险无法控制时,对冲基金就需要组合不同金融产品,对冲风险。

二、对冲基金与共同基金的异同

	对冲基金	共同基金
募集资金方式	私人募集,禁止使用任何媒体做广告	公开募集,可以使用广告招揽客户
投资者要求	对投资者资产量和参与人数有严格限制,比如美国证券法规定:以个人名义参与,最近两年任何一年的个人收入都在20万美元以上,或者最近两年中任何一年的家庭收入在30万美元以上。对机构投资者,必须是资产规模超过500万美元的机构	无明确限制
可否离岸设置	通常设置离岸基金,从而获取税收优惠并规避本国法规监管	不能离岸设置

续表

	对冲基金	共同基金
基金公司发起和运作	以私人合伙制为主,将自有资本投入到管理的对冲基金中以获取最大收益	公司发起多样化,一般不投入自有资本
操作限制	限制很少,投资经理可灵活使用衍生产品进行卖空和杠杆交易	有明确限制
可否使用贷款	可使用自有资产获取抵押贷款交易	禁止贷款交易
监管力度	至今未设置专业法规,监管相当松散	监管严格
信息披露	信息不公开	信息公开
投资经理报酬	佣金+提成:获取管理资产1%—2%的固定管理费,加上5%—25%的年利润提成奖励	一般为固定收入

第二节 对冲基金的起源与发展

一、对冲基金的起源

"对冲基金"一词是由阿尔弗雷德·温斯洛·琼斯（Alfred Winslow Jones）最早提出的,他是一名社会学家、作家和财经记者。1948年,琼斯在为《财富》杂志撰写一篇关于投资趋势的文章时,花费了大量时间与华尔街的交易商和经纪商进行交流,广泛学习他们的方法。1949年,琼斯发表了著名的《预测的最新潮流》，介绍了一种他发现的、听上去有些匪夷所思的投资策略。琼斯用"对冲"来命名这种策略，并且依此策略投资。琼斯在股票投资中，首次将"卖空"应用到投资当中[①]。由于单纯的"卖空"交易存在很大的风险，琼斯将其与普通的股票买卖结合起来，采取买借结合的投资策略。一方面采取普通的做长线的方式，低价买入几种有投资价值的潜力股票，同时，他又借入能够反映市场平均指数的股票，如平均借入组成道·琼斯30种股票指数的股份，在市场上卖出；这样无论股票上升还是下跌，琼斯的投资都会有收益。只要买入的长线股票增长幅度高于卖空的平均指数股票，即长线股票的增长高于道·琼斯指数的增长，就会赚钱；相反，如果股市下跌，只要买入的长线股票的跌幅小于道·琼斯指数的跌幅，也会赢利。

1949年1月1日，49岁的琼斯拿着妻子的10万美元，和其他3个合伙人创立了A·W·琼斯公司，公司带有后来对冲基金的经典特征，被认为是世界上第一家对冲基金。琼斯公司起初是一家普通合伙公司，1952年，琼斯将他的投资平台进行了结构调整，从普通合伙制变成了有限合伙制，在1955年到1964年的十年间，每年带给投资人的综合回报高达28%。但他面临

---

① 卖空又叫做空，或空头，是高抛低补。是指股票投资者当某种股票价格看跌时，便从经纪人手中借入该股票抛出，在发生实际交割前，将卖出股票如数补进，交割时，只结清差价的投机行为。

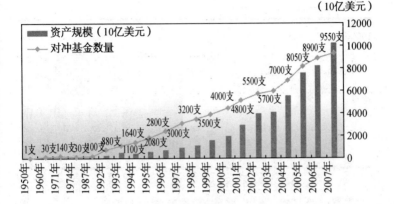

的最大问题是，当时美国的法律禁止共同基金卖空股票，于是琼斯只能规避政府的监管，其运作保持着秘密状态，限制基金投资者的数量，只针对很少一部分富裕人士私下募集。

直到1966年《财富》的另一位记者卡罗尔·路米斯发现了业绩不凡的琼斯基金，撰文盛赞"琼斯是无人能比的"。该文详细描述了琼斯基金的结构和激励方式，发现其业绩大大超过了一些经营最成功的共同基金。此后对冲基金数量大增，据SEC一项调查，截至1968年底成立的215家投资合伙公司中有140家是对冲基金。但1969—1970年股市下跌给对冲基金业以灾难性打击，SEC在1968年底所调查的28家最大的对冲基金，至20世纪70年代末所管理的资产减少了70%，其中有5家关门大吉。1974年至20世纪80年代末,对冲基金继续以相对秘密的模式进行运作,行业整体缓慢发展。

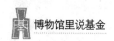

全球对冲基金行业规模变迁

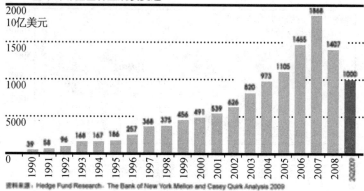

直到20世纪80年代，随着金融自由化的发展，对冲基金才有了更广阔的投资机会，从此进入了快速发展的阶段。20世纪90年代，世界通货膨胀的威胁逐渐减少，同时金融工具日趋成熟和多样化，对冲基金进入了蓬勃发展的阶段。据英国《经济学人》的统计，从1990年至2000年，3 000多个新的对冲基金在美国和英国出现。2002年后，对冲基金的收益率有所下降，但对冲基金的规模依然不小，据英国《金融时报》2005年10月22日报道，截至当时，全球对冲基金总资产额已经达到1.1万亿美元。

2008年美国爆发了次贷危机，导致了全球性的金融危机，这次危机对对冲基金有很大的冲击。大约2/3的对冲基金濒临破产的边缘，对冲基金的资金来源有很大萎缩。机构投资者在危机中都损失惨重，减少了对对冲基金的投资。监管的加强也使对冲基金的发展受限，美英都采取了"限制做空"的政策，并加大了对于对冲基金的监管和审查。

据2011年4月19日美国行业研究机构公布的数据显示，全球对冲基金行业在金融危机后出现强劲的回暖势头，2011年管理的资产总规模创下2.02万亿美元的历史新高。据行业分析机构"对冲基金研究"发布的研究报告，全球对冲基金行业管理的资产总额2011年第一季度达到2.02万亿美元，比前一季度增加1 020亿美元。而此前的历史最高水平是2008年第二季度的1.93万亿美元。这一历史新高比国际金融危机以来最低谷、2009年第一季度的1.33万亿美元增逾50%。此外，2011年第一季度新进入对冲基金市场的资金达到320亿美元，也创下2007年第三季度以来的最高水平。报告还称，72%的对冲基金2011年第一季度出现净资本流入，2/3的基金在过去12个月中达到业绩最高点。

二、对冲基金的监管

对冲基金诞生于1949年，但其大发展却是在20年后。20世纪70年代西方经济学界大力推动金融自由化，金融创新产品由此大量产生，为私募基金提供了极为丰富的交易工具。而20世纪80年代起美国政府逐渐放松金融监管，不仅放宽了对对冲基金参与者的限制，也不断降低了对冲基金的进入门槛。

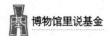博物馆里说基金

与共同基金相比,对冲基金基本游离于监管之外。但随着时间的推移,对冲基金开始越界了。以下重大事件主要是发生在对冲基金领域,也是引起对冲基金被逐步强化管理的主要原因。

1969—2010年对冲基金发展过程中的重大事件

年月	事件
1969	第一只对冲基金Leveraged Capital Holdings在欧洲成立
1971	美国出现第一只对冲基金,Grosvenor Capital Management
1992	索罗斯管理的量子基金击败英格兰银行,成功狙击英镑。是役英格兰银行损失超过269亿美元,索罗斯大赚10亿美元,全球经济界为之震动
1997	亚洲金融危机,东南亚国家货币遭到国际对冲基金狙击,马来西亚总理马哈蒂尔公开指责索罗斯是强盗
10/1997—09/1998	为维护金融市场的稳定,香港特区政府同国际资本在香港外汇市场、股票市场和期货市场展开激战,事后索罗斯副手琼斯承认有参与并亏损离场
09/1998	美国对冲基金长期资本管理公司(Long Term Capital Management,LTCM)倒闭,其管理资产相关联的超过1万亿美元金融产品处于系统风险中,美联储被迫介入
09/2006	美国对冲基金Amaranth Advisors倒闭,因为其对天然气价格趋势错判并重仓介入导致两个星期巨亏66亿美元,超过其管理资产的70%,亏损金额远超当年的LTCM公司

续表

年份	事 件
06/2007	贝尔斯登(Bear Steams Cos.)旗下两只对冲基金破产(贝尔斯登高等级结构信贷策略基金和贝尔斯登高等级结构信贷增强基金),点燃次贷危机,拉开全球金融危机序幕。2008年春,贝尔斯登被其竞争对手JP Morgan兼并
11/2008	麦道夫骗局暴露,涉案金额超过500亿美元,全球25个国家的2 900多家机构因此受损,其中不乏大型机构。预计对冲基金联合私人金融公司亏损10亿美元,西班牙金融业巨头桑坦德银行损失30亿美元,瑞士金融业损失50亿美元
11/2010	美国联邦调查局搜查三家对冲基金:Level Global Investor,Diamondback Capital Management和Loch Capital Management

为了维护市场的公平和稳定,为保护广大投资者的合法权益,监管对冲基金非常必要。基于这一思想,美国政府是以画地为牢的方式管理对冲基金,即设定对冲基金的活动范围。在设定范围内,监管层的态度就是不监管。

以下是与监管对冲基金相关的主要美国法规:

- 1933年的《证券法》
- 1934年的《证券交易法》
- 1940年的《投资公司法》(the Investment Company Act)、《投资顾问法》(the Investment Advisers Act)和《商品交易法》(the Commodity Exchange Act)

- 2004年12月SEC颁布《对冲基金规则》(Registration Under the Advisers Act of Certain Hedge Fund Advisers Rules), 2005年2月生效, 要求对冲基金经理进行登记。该法案遭到对冲基金界的强烈反对, 美国金融家菲利普·戈尔茨坦 (Philip Goldstein) (他本人也是对冲基金经理) 起诉SEC, SEC败诉, 该法案因此被废止。
- 2008年秋金融危机最严重时, SEC出台《临时最终规则》, 要求管理资产不少于1亿美元的投资管理人必须每周向SEC提供卖空交易数据, SEC保证数据不对外公开, 此举遭到对冲基金业的强烈反对和起诉威胁。
- 2010年美国通过《多德—佛兰克法案》(即金融监管改革法案), 其中的《沃克尔规则》(The Volker Rule) 禁止银行进行自营业务, 也不得投资对冲基金和私募基金。经过半年的拉锯, 该法案的最终版允许银行运用不超过自身一级资本的3%投资对冲基金和私募基金。

三、对冲基金的巨大影响力

1. 1992年索罗斯狙击英镑

1992年9月15日, 索罗斯决定大量放空英镑。英镑对马克的比价一路下跌, 虽有消息说英格兰银行购入30亿英镑, 但仍未能挡住英镑的跌势。到收市时, 英镑对马克的比价已跌至欧洲汇率体系规定的下限。虽然此后英国政府通过不断加息，并动用了269亿美元的外汇储备，但是依然没有抵挡住这次攻击，最终还是遭受惨败，被迫退出欧洲汇率体系。索罗斯从英镑空头交易中获利接近10亿美元，在英国、法国和德国的利率期货上的多头交易和意大利里拉上的空头交易使他的总利润高达20亿美元。

2. 亚洲金融危机

亚洲金融危机发生于1997年7月至10月，由泰国开始，之后进一步影响了邻近亚洲国家的货币、股票市场和其他的资产价值。1999年，金融危机结束。

此次危机迫使除了港币之外的所有东南亚主要货币在短期内急剧贬值，东南亚各国货币体系和股市的崩溃，以及由此引发的大批外资撤逃和国内通货膨胀的巨大压力，给这个地区的经济发展蒙上了一层阴影。此危机另一名称是亚洲金融风暴。

四、对冲基金在国内的沿革与现状

在许多业内人士看来，国内资本市场上的阳光私募基金具有一定的私募性和灵活性，与海外对冲基金有着追求绝对收益的共性，并且具备相似的费率结构，因此其被视为具有对冲基金的"雏形"，但缺少对冲基金的灵魂——对冲。其实早在2005年前后，上海、深圳的一些私募基金团队已经设计出了利用期货、现货套利的投资模型。但在内地没有引入做空和对冲机制以前，其实没有一款对冲基金是名副其实的。

自2010年4月国内正式推出沪深300股指期货后，对冲基金即在国内资本市场获得了生存的土壤。随后，基金、券商和私募基金等国内各类资产管理机构纷纷试水对冲投资的操作。

但中国本土的第一只对冲基金并没有诞生在阳光私募基金业内。2010年9月，国投瑞银在"一对多"专户产品中加入股指期货投资，拉开了基金产品参与股指期货市场的序幕，基金中的对冲基金由此亮相。国内排名前五的基金公司也先后与销售渠道进行了沟通，拟通过专户理财平台发行采用中性策略的对冲基金。其中，易方达基金管理公司已经于2011年2月24日获批发行国内基金业的首只"一对多"对冲产品。券商方面，第一创业证券和国泰君安证券也已经分别推出了通过股指期货对冲系统性风险的理财产品。其中2011年3月7日由国泰君安推出的"君享量化"集合理财产品甚至被业内冠以"中国本土首只对冲基金"的称号。

2011年4月1日，国内第一只全球宏观策略对冲基金"梵基一号"结束募集，正式开始投资运作。该基金投资范围包括A股、商品期货、股指期货、债券、利率及相关产品、融资融券等，以及国家法律法规允许投资的其他金融衍生品。该基金因为投资策略与国际市场上叱咤风云的量子基金和老虎基金趋同，被认为国内真正意义上的对冲基金。

五、对冲基金发展史上的里程碑

1. 全球第一只对冲基金的建立

1949年1月1日,《财富》杂志记者、对冲基金创始人阿尔弗雷德·温斯洛·琼斯经过与华尔街交易商和经济商大量交流学习之后,以一种他自己命名为"对冲"、当时听起来匪夷所思的投资策略进行投资,并于1949年1月1日,与其他3个合伙人创立了A·W·琼斯公司,这是世界上第一个对冲基金公司。由于美国当时的法律禁止共同基金卖空股票,为了避免政府监管,琼斯的基金一直"秘密"地运作。在1955年到1964年的十年间,每年带给投资人的综合回报高达28%。1964年,A·W·琼斯公司还是美国唯一的一家对冲基金公司。直到1966年被媒体发现,琼斯的"秘密组织"才得以大白于天下。接下来的三十年间,对冲基金依然没有引起人们的太多关注,直到20世纪80年代,随着金融自由化的发展,对冲基金才有了更广阔的投资机会。

2. 2008年全球金融危机

2008年全球对冲基金总资产蒸发3 500亿美元!新加坡对冲基金研究机构Eureka Hedge的报告显示,受金融危机影响,2008年底全球对冲基金的总资产为1.53万亿美元,对应2007年底的1.88万亿美元,缩水近20%。

这也是自2000年该机构开始此项调查以来，业绩持续上升的对冲基金首次出现总资产萎缩。

随后，美国国会于2010年7月15日通过最终版本的金融监管改革法案，新法案被认为是"大萧条"以来最严厉的金融改革法案。信息隐蔽性和交易自由性这两个一贯被看作对冲基金的最大市场优势大打折扣，透明度的增加也会使部分投资方降低投资对冲基金的意愿。

但就目前来看，全球对冲基金行业的迅速回暖似乎出人意料。

3. 沪深300股指期货推出

我国推出股指期货的重大意义在于，给国内发展对冲基金提供了必要的前提条件——做空机制和杠杆交易。

4. 中国股指期货上市交易

2010年4月，中国股指期货的推出，为国内资本市场引入了做空机制和杠杆交易方式，对机构投资者便捷地管理市场系统性风险提供了强力支持。国内的资产管理行业很快将从过去相对单一的投资模式进入"绝对收益产品"时代，机构将能够运用各种对冲策略，包括多空股票策略、统计套利、指数套利、兼并套利、可转债套利、130/30等策略来实现"绝对收益"，在降低风险的同时，提高盈利的概率，尽量通过投资策略的构建来避免投资标的市场涨跌给投资带来的影响。中国资产管理进入了新的时代，未来对冲基金将大有可为。

5. 中国第一只对冲基金的建立

2011年2月，国泰君安资产管理公司宣布拟发售一只A股私募对冲基金产品——君享量化，真正意义的对冲基金终于现身。2011年3月7日由国泰君安正式推出了"君享量化"集合理财产品。国泰君安"君享量化"虽然依旧是一只私募产品，但它通过国泰君安营业部销售的模式，让其成为首个公开发行的对冲基金产品。此举也填补了内地资本市场这方面的空白。

六、对冲基金名人堂

1. 被忽略的对冲基金先驱——凯恩斯（John Maynard Keynes）

凯恩斯

我们熟悉的凯恩斯是一位著名的经济学家。在20世纪20年代，凯恩斯不仅在剑桥教书，而且还一直担任英国财政部的顾问，他当时经常外出讲学、著书。但是许多人不知道的是，除了在经济学上著作甚丰之外，凯恩斯还是一位非常成功的投资者。比如，在1918年一战刚刚结束时，甚至于战争的硝烟还未完全消散，在巴黎举办的一次充满恐慌的拍卖会上，他以底价为大英博物馆购得柯罗、马奈、高更等著名画家的巨作，同时他还为自己买下好几幅当时著名的画作，这些投资在后来都获得了巨大的增值。这只是凯恩斯投资生涯的起步。

除了画作之外，凯恩斯还积极从事股票和外汇交易，在一战后弥漫在整个欧洲大陆上的投机大潮当中，他通过做空当时的主要货币英镑而获得了暴利，他当时的所作所为完全就是一位成功的对冲基金管理人。后来许多知名的对冲基金管理人都把凯恩斯看作是对冲基金管理人的先锋。

当然，凯恩斯的投资生涯也不是一帆风顺，事实上，凯恩斯也没有能够逃脱20世纪30年代的经济大危机。在1929年底，凯恩斯基本上亏空了他所有的资产。后来到了1937年，英国经济再次陷入衰退，凯恩斯依然没有能够逃脱这次衰退的影响，他当时在纽约与伦敦股市都持有重仓，并且举债投资，因此蒙受了重大损失。但是损失没有能够打倒凯恩斯，他不仅勇敢从亏损中站立起来，并且实际上，他根据当时市场状况积极调整自己的投资策略，并且使得自己的资产在1936年达到了峰值。从当时的市况来看，这不能不说是一个巨大的成功。

在1946年凯恩斯去世时，他持有的投资组合价值约40万英镑，这笔资产虽然看上去不是那么诱人，但是如果考虑到购买力因素，这笔资产实际上相当于现在的3200万英镑。事实上，这还远远低于他持有的投资组合曾经在1936年达到的高点。根据资料统计，其持有的投资组合的价值峰点曾经达到了4 500万英镑。

2. 对冲基金的创始人——阿尔弗雷德·温斯洛·琼斯（Alfred Winslow Jones）

阿尔弗雷德·温斯洛·琼斯1901年出生于澳大利亚。幼年时期，他随家人来到美国。1923年，他从哈佛大学毕业后成为美国的一名外交官，19世纪40年代初期进入了《财富》杂志的编辑团队，其后成为《时代》、《财富》杂志的特约撰稿人。期间，琼斯受命调查市场分析的技术方法并撰写文章，经过大量学习，几乎在一夜之间从一个新手成为一个精通者，并在其所撰写文章发表两个月前，和其他3个合伙人创立了A·W·琼斯公司。公司带有后来对冲基金的经典特征，被认为是世界上第一家对冲基金。在1955年到1964年的10年间，其运作保持着秘密状态，每年带给投资人的综合回报高达28%，运作非常成功。阿尔弗雷德·温斯洛·琼斯作为一位社会学家和商人，创造了华尔街最重要的概念之一。

阿尔弗雷德·温斯洛·琼斯

3. 管理资产最多的对冲基金经理人——朱利安·罗伯逊（Julian Robertson）

朱利安·罗伯逊是避险基金界的教父级人物，旗下纵横全球金融市场的老虎管理基金以选股精准著

朱利安·罗伯逊

称。虽然他的基金组织已经不复存在,但罗伯逊的基金是琼斯最初设想和发明的对冲基金的典型。

朱利安·罗伯逊出生于美国南部一个小城镇,从北卡罗莱纳大学商业院毕业后,在Kidder Peabody证券公司工作20年之久。1980年5月他创办老虎基金,专注于"全球性投资"。在度过10年的蛰伏期后,80年代末90年代初,老虎基金开始创下惊人业绩。朱利安准确地预测到柏林墙倒塌后德国股市将进入牛市,同时沽空泡沫达到顶点的日本股市。在1992年后,他又预见到全球债券市场的灾难。1993年,老虎基金管理公司旗下的对冲基金——老虎基金伙同量子基金攻击英镑、里拉成功,并在此次行动中获得巨大的收益,老虎基金从此声名鹊起,被众多投资者所追捧。老虎基金的资本此后迅速膨胀,最终成为美国最为显赫的对冲基金。20世纪90年代中期后,公司的最高盈利(扣除管理费)达到32%,老虎基金管理的资产规模在20世纪90年代后迅速增大,从1980年起家时的800万美元,迅速发展到1991年的10亿美元、1996年的70亿美元,在1998年的夏天,其总资产达到230亿美元的高峰,一度成为美国最大的对冲基金。

4. 最赚钱的数学家——詹姆斯·西蒙斯（James Simons）

詹姆斯·西蒙斯是世界上最赚钱的数学家、文艺复兴科技公司主席、世界级的数学家，也是最伟大的对冲基金经理之一。

著名的乔治·索罗斯的量子基金及朱里安·罗伯逊的老虎基金，

詹姆斯·西蒙斯

它们都曾创造过高达40%至50%的复合年度收益率。然而华尔街真正的王者是詹姆斯·西蒙斯和他的文艺复兴科技公司。自1988年成立以来，这家基金公司年均回报率高达34%，而且这个回报率已经扣除了5%的资产管理费和44%的投资收益分成等费用，堪称在此期间表现最佳的对冲基金。

2005年，西蒙斯成为全球收入最高的对冲基金经理，净赚15亿美元，几乎是索罗斯的两倍。15年来他所掌管的基金资产从未减少过，该公司成为西蒙斯的旗舰公司。尽管西蒙斯在华尔街并非尽人皆知，但他以往的成就让投资者对这只基金产生了浓厚的兴趣。索罗斯的量子基金同期年回报率也只有22%，而标准普尔500指数同期的年均涨幅才只有9.6%。西蒙斯创造的回报率比布鲁斯·科夫勒、索罗斯等传奇投资大师高出10个百分点,在对冲基金业内堪称出类拔萃。尽管美达公司收取的这两项费用是对冲基金平均收费水平的2倍以上,但依然让大家趋之若鹜。

5. 最伟大的金融天才——乔治·索罗斯(George Soros)

乔治·索罗斯

乔治·索罗斯号称"金融天才",是索罗斯基金会的创办者。

在1970年时,他和吉姆·罗杰斯一起创立了量子基金。在接下来的10年间,量子基金回报率每年大约42.6%,共回收了33.65倍的利益,也创造了索罗斯的大部分财富。在1992年9月16日的黑色星期三,索罗斯更以放空100亿以上的英镑而名声大噪,并利用英格兰银行顽固坚守英镑汇率和一个可与其他欧洲汇率机制参加国相当的利率水平而获利。最终英格兰银行还是被迫退出欧洲外汇机制并且让英镑贬值。索罗斯在此役中获得了约11亿美元的利润,因此被封为"让英格兰银行破产的男人"。

第三节 对冲基金的类型

一、对冲基金的体系和详细分类

目前国际上对对冲基金的分类有几种方法。例如，Mar/Hedge根据基金经理的报告将对冲基金分为8类，先锋对冲基金研究公司则将对冲基金分为15类。

Credit Suisse/Tremont Hedge Fund将对冲基金分为3种类型：单策略型（Single Strategy）、多策略型（Multi-strategy Fund）和基金中的基金（FOF）。其中单策略型是主要类型，它包括3种子类型：套利型（利用资产价格差异获得收益）、方向型（基于对市场趋势的判断获得收益）和事件驱动型（利用异常事件获得收益）。这3种子类型下面又可以进一步细化出各种具体的类型。

- 转换套利型：指购买可转换证券（通常是可转换债券）的资产组合，并通过卖空标的普通股对股票的风险进行对冲操作。
- 权益市场中和型：利用相关的权益证券间的定价无效谋求利润，通过多头和空头操作组合降低市场敞口风险。
- 债券套利型：主要交易国债、企业债和利率产品。最主要的原理是利用收益率曲线、波动性曲线、现金流等工具来发现市场机会。
- 多头空头型：通过持有价格低估证券的多头和

价格高估证券空头进行获利的对冲基金。
- 全球宏观型：指在宏观和金融环境分析的基础上直接对股市、利率、外汇和实物的预期价格移动进行大笔的方向性的不对冲的买卖。
- 专事卖空基金：从经纪人处借入他们判断为"价值高估"的证券并在市场上抛售，以期在将来以更低的价格购回并还给经纪人。投资者常为那些希望对传统的只有多头的投资组合进行套期保值，或希望在熊市时持有头寸的投资者。
- 期货管理型：持有各种衍生工具长短仓[①]。
- 风险套利型：也被称作"公司生命周期"投资。包括投资于事件驱动环境如杠杆性的收购[②]、合并和敌意收购。
- 廉价证券型：投资于并可能卖空已经或预期会受不好环境影响的公司证券。包括重组、破产、萧条的买卖和其他公司重构等。
- 多策略型：投资于发展中或"新兴"国家的公司证券或国家债券。主要是做多头。
- 基金中的基金：对冲基金中的基金是指专门投

---

① 长仓是指买进一种货币并且等待其升值后卖出，在这种情况下，投资者受惠于上涨的行情。短仓是指卖出一种货币并且等待其贬值后再买回，在这种情况下，投资者受惠于下跌的行情。
② 杠杆收购（Leveraged Buy-out, LBO）又称融资并购，是指公司或个体利用自己的资产作为债务抵押，收购另一家公司的策略。交易过程中，收购方的现金开支降低到最小程度。

资于其他对冲基金的基金，有时用杠杆效应。对冲基金的基金是母基金，而投资组合则由多只子基金组成。

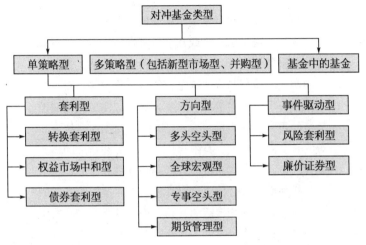

对冲基金的类型

二、对冲基金的组织形式

1. 私募性

为了规避大多数法律的管制，对冲基金将自己的客户群限制在特定的富有者阶层以及日益增多的保险基金、养老基金等机构投资者范围内。这一特点使它符合"私募基金"的定义。私募的性质使对冲基金无需像共同基金那样定期向公众披露自己的信息，这给基金经理投资运作以相当大的自由度，同时这也是外界对对冲基金了解甚少的原因。

2. 有限合伙制

有限合伙人制让投资者能够以有限合伙人的身份参与对冲基金，投资者由两类合伙人组成：一类是主要合伙人，通常由一个或几个经济实体组成，被授权代表基金开展业务。主要合伙人负责对冲基金投资策略的制定、执行与合伙制企业的日常管理并对对冲基金的债务负有无限责任。主要合伙人往往也就是对冲基金的投资经理与发起人或创办人。与主要合伙人相对的是有限合伙人，有限合伙人只对对冲基金的债务负有以自己出资额为限的责任，并且将自己的资金全权委托并由主要合伙人投资管理，不参加对冲基金的具体交易和日常管理活动，只是按照投资协议收取资本利得，从而将风险集中到普通合伙人身上，有效地规避自身风险。

3. 高红利

高比率的分红充分激发了基金经理的才能和创造力，使对冲基金经理把精力放在如何让对冲基金取得绝对高额回报上，而不是像共同基金经理一样，将关注重点放在如何收取以资产规模计算的基金管理费上。

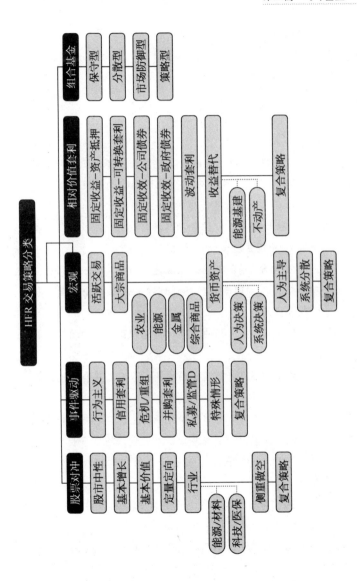

附 录

2010年12月　中国金融博物馆理事长王巍拜访苏州市市长阎立，介绍中国金融博物馆的情况。阎立正式邀请在苏州建立基金博物馆

2011年1月　中国金融博物馆向苏州市政府正式提交创办"中国基金博物馆"的建议案

2011年3月　苏州工业园区城市重建有限公司总经理李宗阳与中国金融博物馆理事长王巍讨论方案，确定联合申请

2011年4月　马明龙书记接见中国金融博物馆王巍理事长

2011年5月　中国金融博物馆专家委员会讨论，同意协助苏州建立中国基金博物馆

2011年6月　中国股权投资基金协会邵秉仁会长视察工地，并同意受邀担任中国基金博物馆理事长

2011年6月7日　中国基金博物馆展示内容初稿完成

2011年6月14日　基金博物馆布展设计与装修方案初步拟定

2011年7月　中投公司总经理高西庆先生向金融博

物馆赠送多件珍贵展品,担任理事

  2011年7月18日 正式启动第一阶段展品征集工作

  2011年7月22日 嘉实基金为博物馆拍摄证券基金普及短片

  2011年8月 博物馆正式启动奠基和装修

  2011年9月7日 首批博物馆志愿者上岗

  2011年9月 阎立市长考察博物馆建设工地

  2011年9月13日 中国基金博物馆微博(http://weibo.com/cmof)正式上线

  2011年10月 《博物馆里说基金》一书由上海复旦大学出版社出版

图书在版编目(CIP)数据

博物馆里说基金/叶有明、田娜、王一霖、姚莉编著.—上海:复旦大学出版社,2011.11
ISBN 978-7-309-08518-1

Ⅰ.博… Ⅱ.①叶…②田…③王…④姚… Ⅲ.基金-投资-基本知识
Ⅳ.F830.59

中国版本图书馆 CIP 数据核字(2011)第 206566 号

博物馆里说基金
叶有明　田　娜　王一霖　姚　莉　编著
责任编辑/王联合　张咏梅

复旦大学出版社有限公司出版发行
上海市国权路 579 号　邮编:200433
网址:fupnet@fudanpress.com　http://www.fudanpress.com
门市零售:86-21-65642857　　团体订购:86-21-65118853
外埠邮购:86-21-65109143
上海申松立信印刷有限责任公司

开本 787×1092　1/32　印张 7.75　字数 135 千
2011 年 11 月第 1 版第 1 次印刷
印数 1—4 100

ISBN 978-7-309-08518-1/F·1767
定价:25.00 元

如有印装质量问题,请向复旦大学出版社有限公司发行部调换。
版权所有　　侵权必究